河南大学"国培计划"创新教育专题讲座邀请函

河南师范大学"国培计划"综合实践活动专题讲座邀请函

2020年,荣获"钟南山创新奖"

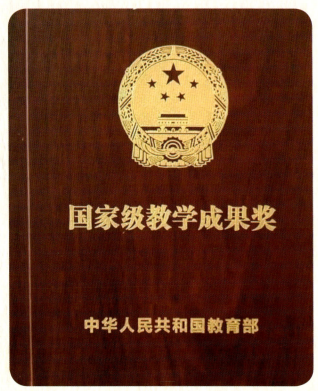

2018 年，荣获国家级教学成果奖证书封面

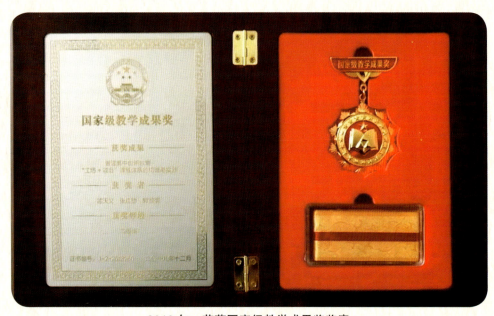

2018 年，荣获国家级教学成果奖奖章

2018 年，荣获国家级教学成果奖证书

2019 年，德国纽伦堡国际发明展获得金奖

2019 年，在河南大学与接受培训教师交流

2020 年，在河南师范大学与接受培训教师交流

2020 年，在滑县一中做知识产权教育讲座

河南省教育科学规划"十三五"规划教育装备和实践教育专项课题《综合实践活动创客空间研究》（课题批准号〔2018〕–JKGHZBSYZX–005）

普通高中创新教育的理论与实践

张红勋 □ 著

中国国际广播出版社

图书在版编目（CIP）数据

普通高中创新教育的理论与实践 / 张红勋著. -- 北京：中国国际广播
出版社, 2021.6
ISBN 978-7-5078-4919-6

Ⅰ.①普… Ⅱ.①张… Ⅲ.①创造教育－教学研究－高中 Ⅳ.①G632.0

中国版本图书馆CIP数据核字（2021）第106705号

普通高中创新教育的理论与实践

著　　者	张红勋
责任编辑	张娟平
校　　对	温秀蕊
装帧设计	文人雅士

出版发行	中国国际广播出版社有限公司 ［010-89508207（传真）］
社　　址	北京市丰台区榴乡路88号石榴中心2号楼1701
	邮编：100079
印　　刷	廊坊市海涛印刷有限公司

开　　本	710×1000　1/16
字　　数	195千字
印　　张	12.5
版　　次	2021年6月　北京第一版
印　　次	2021年6月　第一次印刷
定　　价	65.00元

序 言 ■

在创新教育课程建设的探索与实践中，郑州十二中配备了师资、编写了教材、列入了课表、走进了课堂，形成了课堂教学、社团活动、项目研究、知识产权、专家指导多位一体的创新、创客教育培养模式。

多年来，郑州市第十二中学坚持不懈地搞好创新教育，在创新教育中坚持普及性、发展性、特长性三级目标培养体系，以研学学科特色试点为契机，以研究性学习课程为依托，以项目研究为载体，以创客工场为阵地，全面培养学生的创新创造能力。

教育、人才、知识的竞争关系着一个国家和民族在新世纪的生存发展，一个国家的教育体系能否培养出具有创新精神和实践能力的人才，逐渐成为国家战略的重大问题。课程是学校教育的核心，培养学生的创新精神和实践能力，必须从课程改革开始。

在培养学生创新精神方面，普通高中在推进创新教育课程建设方面面临的问题很多。本成果致力解决以下三个问题：

1.实践资源不足问题。创新教育不同于通常的知识理解教育，它必须立足于实践，本项目实施之初遇到的最大问题恰恰就是场地、工具装备等资源的缺乏问题。

2.创新教育碎片化问题。创新教育曾经以各种名义开展，但由于没有统一的目标设计、没有通盘设计的创新课程体系，零散且随意，缺乏统合和整体设计，碎片化问题明显。

3.创新成果评价简单化问题。评价是实施创新教育的动力。传统的成果评价方式通常就是将成果拿来比一比，缺乏科学性、制度性，不能有效地激励学生参与创新课程活动。

郑州市第十二中学是全国知识产权教育试点学校、河南省课程改革样本校、郑州市首届研究性学习先进学校，在创新教育的理论与实践中的成果得到了省市教育行政部门和科研院所的高度认可，多次在我校召开创新教育和综合实践活动现场会。

十年来，在培养学生创新精神方面，作为河南省新课改样本校，郑州市第十二中学经历了特色教育、研究性学习到创新教育课程体系构建的探索与实践，逐步形成了以研究性学习课程为依托，以项目研究为载体，以创客工场为阵地，推动普通高中常态化开展创新教育的新思路和新理念，形成本校的创新教育育人特色。

2008年到2016年：从萌芽探索，到课程体系逐步形成

2008年以来，以学校特色为背景，以研究性学习为依托，结合通用技术教育、科学实验等新课程要素，在一定程度上推进了创新教育。

2012年以来，特别是随着大众创新理念的普及，创客教育兴起，本成果团队汇同专家研讨，结合文献研究，认为应该统合实施创新教育，构建统一的、符合创新教育特点的课程体系。

2015年以来，逐渐形成了以"工场+项目"的方式来构建课程体系的思路，主要做了三个方面的工作：

（1）加强软硬件环境建设。主要包括"制作空间"等六大"工场"资源，这些资源是本成果得以成熟的强大支撑。

（2）构建创新课程体系。在六大"工场"资源的基础上，经过理论研究、国内外比较研究，我们统合了科学学科、通用技术、科技发明、创新设计、创客教育、数理逻辑等各类创新教育要素，构建了"科技与艺术结合类"等四大创新课程体系。

（3）构建成果评价策略。包括评价维度、奖项设置和展示途径，研制了评价量表。

2016：树立创新教育标杆领航郑州乃至河南

2016年4月，郑州十二中创客工场启动暨河南省知识产权试点学校挂牌仪式、航天励志报告会、创新教育研讨会举行。"两弹一星"专家黄吉虎教授、中国华大中科创新研究院邢乃贵研究员、省教育厅、省教研室、市教育局、市知识产权局领导参加大会。河南日报、大河网、郑州电视台、郑州日报、郑州晚报、郑州教育电视台、郑州教育网等数十家媒体对我校的创客教育进行了全方位报道。

由于我校在创新教育方面卓有成效，影响广泛，郑州市教育局在招生政策上向我校倾斜，作为先行先试的代表，首批招收10名科技特长生。

2016年11月8日记者节，郑州市教育局组织40多家媒体走进郑州十二中，集中采访报道学校开展的创新教育。光明日报社、新华网河南记者站、河南日报社等对我校的研究性学习、科技特长生培养、创新教育、创客教育等进行了专访。光明日报在介绍郑州教育经验时，郑州十二中作为唯一一所被提及的学校进行典型介绍。

2017：研学课程稳步领航　创新教育捷报频传

博闻尚礼，成德达才。创新教育工作扎实推进，又上新台阶。

创客活动，异彩纷呈。同学们学以致用，动手实践，积极参加发明创意、头脑奥林匹克、目的地想象力、激光切割、3D打印和语言学的创客项目。2017年，完成课题研究150多个，项目设计20多种，参与国际国内比赛的师生人数达100多人次。其中，在国家级比赛中，一等奖获奖15人。"疯狂的迷宫"挑战队还代表中国奔赴美国，在世界创新大赛的舞台上一展雄姿。

花香自有蝶飞来，海深方得百川聚。一年来，上级领导陆续莅临我校，创客工场作为必看项目，大家纷纷表示，参观之前很期待，参观之后更惊叹。2017年，我校创新教育还吸引了郑州市兄弟学校以及洛阳市、安阳市、周口市、焦作市、巩义市等10多个地市、20多所学校的领导和老师前来观摩学习。

世界这么大，我想去看看。2017年，我校开启了研学教学的破冰之旅，7

月，我校20多名师生跨过英吉利，走上不列颠；8月，研学深港澳，让学生们感受中国的发展与强大。

传经送宝，邀约不断。我校开展的创客教育、STEAM教育、研究性学习课程的模式受到科研院所和高等院校的强烈关注，纷纷邀请我校领导和老师做报告或者分享经验。10月25日，我校张红勋老师在中国教育学会高等教育分会1000多人的年会上发出郑州十二中的声音；11月23日，他又在河南省知识产权教育培训班上传递郑州十二中的经验；12月15日，张红勋老师第五次走上河南师范大学国培计划的讲堂传经送宝。这些报告深入浅出、创新十足，得到来自全国各地的领导和老师们对郑州十二中的极大关注。

独占鳌头，捷报频传。学校开展创新教育的实践得到教育部、国家知识产权局、中国科技大学、河南省教育厅、河南省知识产权局、河南师范大学、郑州市教育局的广泛认可和大力支持。9月，中国科学技术大学3D打印示范基地落户我校；11月，"全国知识产权教育试点学校"授予郑州十二中，郑州十二中成为郑州市第一块国家级知识产权教育的试验田；12月，郑州市首届创客节落下帷幕，郑州市教育局公布郑州市中小学创客教育示范学校，郑州十二中榜上有名。

2018：坚持多样化发展，研究性学习学科特色凸显

一、坚持不懈搞好多样化发展，研究性学习学科特色凸显

在学科特色建设方面，以研学课程为依托，以项目研究为载体，以创客工场为阵地，以过程评价为抓手，以四个出口为方向，围绕"两个突破"，坚持"三提高、三培养"，按照普及性、发展性和特长性目标，阶梯式推进研究性学习和创新教育工作。2018年学生完成研究项目150多个，评出校内研究性学习先进33人，优秀研究小组6个，推荐15人参加郑州市研究性学习成果评比，推荐12人参加郑州市青少年科技创新大赛。

二、教学成果层出不穷，创新教育得到国家、省、市高度认可

2018年6月，《普通高中创新教育"工场+项目"课程体系的构建和实践》《普通高中综合实践活动评价体系的构建和实践》分别获得河南省教学成果一等奖，这在河南省基础教育教学领域目前是绝无仅有的。两项成果入选国家级教学成果奖的候选项目。一项成果拟授国家级教学成果二等奖。

2018年8月，《综合实践活动创客空间研究》被河南省"十三五"教育科学规划教育装备专项研究重大课题立项。

2018年7月，《学生创造力对校园文化建设的影响和实施策略研究》在中文核心期刊中国教育学刊刊登。

目 录
CONTENTS ■■■

第一篇：研究性学习理论与实践

第二篇：创新教育的理论与实践

第三篇：研究性学习与创新教育教学成果

第四篇：研究性学习与创新教育教学案例

第一篇

研究性学习理论与实践
YANJIUXING XUEXI LILUN YU SHIJIAN

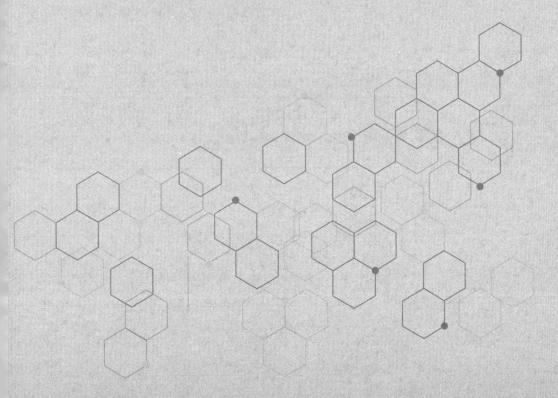

"研究性学习"概念解读

　　研究性学习是国家教育部早在2001年《普通高中课程实施方案》中新增加的一门必修课程，具有非常重要的地位。

　　教育部《普通高中课程实施方案》一共设置了八个学习领域，分别是：语言与文学、数学、人文与社会、科学、技术、艺术、体育与健康、综合实践活动等。同学们要认真对待每个学习领域，不可偏废，以确保自身全面健康发展。每个学习领域又分解为若干个科目。比如："语言与文学"就包括语文和英语两个学科，"科学"则包括物理、化学、生物等学科，其他不再一一列举。"研究性学习"属"综合实践活动领域"中的一个分支。我校一直严格执行国家课程计划，开足开好所有规定的科目。

　　新课程改革的一大亮点就是对"科目"又做了进一步细化，即每个"科目"又分解为更多的"学习模块"，同时，采取了最先进的学分制管理办法。例如：语文学科就包括语文（必修Ⅰ）、语文（必修Ⅱ）、语文（必修Ⅲ）等模块，化学学科也有化学（必修Ⅰ）、化学（必修Ⅱ）等模块之别。每一模块对应一本教材，当某一模块学习结束后，省教育厅将统一举行学业成绩测试，一旦合格，就可以获得大约2个学分。国家教育部规定高中毕业学分为144分，其中包括116个必修学分和28个选修学分（提倡学生获得更多学分）。这144个学分被分别分配到了各个领域的不同科目之中，例如：语文、数学、外语等学科均为10学分，物理、化学、生物、历史、地理等学科都为6个学分……而研究性学习则占15个学分，是所有学科中分值最高的。由此可见，该学科在整个课程结构中的重要地位。所以，每名同学都要认真对待研究性学习这门必修课程，否则，将不能获得足够的学分，从而不能顺利毕业。

尽管研究性学习和语文、数学、英语等其他学科一样，是一门非常重要的必修课程，但该课程没有教材，没有书面作业，也没有考试，与其他课程相比非常"另类"。如何实施，完全由学校根据本校实际情况自行开发。所以，大家不必迷茫，我校编写有自己的学习资料，有着非常丰富的教学内容；同学们也有明确、具体的学习任务，甚至可能会比一般的"作业"来得更难，大家要有思想准备；学校也有非常灵活的考评办法，相信一定会比"考试"来得更科学、更富人性化，随时随地都可以对每名同学做出公平、公正的评价。希望大家努力表现自我，争取取得好成绩。在此，我可以明确地告诉大家，我校开设"研习课"已达10年之久，历届学生都获得了满分，这说明历届学生在研究性学习中的表现都非常优秀。例如：近期，郑州市普通高中研究性学习成果评比成绩揭晓，被表彰的50名优秀辅导教师中11名教师来自我校。但成绩已属过去，我希望新一届同学们能够再接再厉，争取取得更好的成绩，为我校的新课程建设做出自己的贡献。

研究性学习是指学生在教师的指导下，从自然、社会、生活中确定专题进行研究，在研究中，主动地获取知识、应用知识、解决问题的学习活动。对这段描述，我想做几点说明：第一，大家要明确自己在研究性学习中应处的位置。不要像对待其他学科学习那样，被动地去接受教师的灌输，期望从书本或老师那里获得现成的结论或答案，而是一定要想方设法成为学习的主人，主动地去"获取知识、应用知识、解决问题"。在研究性学习中，教师不会再像其他学科教师那样在课堂上滔滔不绝地"大讲特讲"（连教材都没有，讲什么呢）。教师在研究性学习中起到的主要是指导及辅助的作用，学习的主动权牢牢掌握在学生自己手中，学生一定要克服以往的依赖心理，真正改变早已习惯的传统学习方式。第二，不要对研究性学习产生任何的神秘感或恐惧感。研究性学习归根结底就是一种学习活动，并没有跑出学习的范畴，既然是学习活动，就应该是学生们的天职。可能部分学生会被概念中的"研究"二字所吓倒，其实，"研究"和"学习"就是同一个概念。英文"sdudy"一词就有"研究"和"学习"双重含义。因此，将研究性学习概念中的"研究"一词用"学习"二字替代也是完全允许的。其实，所谓的"研究性学习"就是

"学习、学习、再学习"的意思。另外，大家也不要将科学家所从事的"科学研究"与中学生进行的"研究性学习"混淆。相比于研究成果而言，中学生的研究性学习更注重过程，即便最终成果很小或没有得出结论，只要大家尽力而为，学校照样会予以肯定并给出相应的学分。所以，同学们可以放下包袱，轻装上阵，以一颗平常心来对待这门新课程。第三，研究性学习的"开局任务"是先确定研究"专题"（"问题"或"课题"），研究性学习是从"问题"开始着手的，倘若没有"问题"也就没有研究性学习，这里的"专题"实际上就是我们在研究性学习中将要学习的内容。相信每位同学的头脑中都有许多想明白而至今还未弄明白的问题，那么，当务之急就要求每名学生立即考虑和确定本学期自己准备研究的"专题"，借助我们的研究性学习这门课程，将其真正弄明白。

浅谈普通高中研究性学习实施计策

　　研究性学习作为一门必修课程，其价值意义毋庸置疑。但是，千万不要盲目夸大其词，毕竟它只是一门普通课程。特别是面对当今应试教育占主导地位的严峻形势，研究性学习还处在一个不利的弱势地位，稍不留神，就可能遭遇"灭顶之灾"。出于对课程保护考虑，应当稳步推进。为此，请允许我谈三点我的个人感悟。

　　第一，要把握好研究性学习的实施力度。

　　一所学校，要想开设好研究性学习这门"另类"课程，单靠一个人或几个人努力，确实显得势单力薄。但是，在开始阶段，假若先在一两个年级开课，且每周（或每两周）安排一到两个研究性学习课时，那么，往往只需一名专职教师来负责学校所有学生课题研究的组织、协调及其理论教学等工作，不需要学校为研究性学习制定任何特殊"优惠政策"。至于如何才能具体做好各课题小组的管理与指导等工作，专职教师可以想方设法将其分配给学校其他学科教师来完成。这样，既能保证学生搞好课题研究，还可以给其他教师提供指导课题研究的机会，也能够在学校营造一种浓厚的研究性学习氛围，更好地体现学校办学特色，可谓是一举多得，学校肯定也会为研究性学习的实施大开绿灯。相反，急于求成，起初就投入大量的人力、财力、物力、时间用于课程的开发与实施，往往会出现事与愿违的局面。不少学校在课程实施前期场面热烈，但不久又销声匿迹，这样的"惨痛教训"应当汲取。

　　第二，要向学科渗透研究性学习理念。

　　研究性学习是一种不可或缺的有效学习方式，在学生成长、发展过程中所发挥出的巨大作用已为大多数仁人志士所认同。那么，如果所有教师都能将这一理念或学习方式很好地应用到学科教学活动中来，无疑会极大地推动研究性学习课程的实施。所以，在研究性学习实施过程中，学校除了要重点关注学生基本研究方法的训练，达成学生合作意识、创新意识的培养，学生动手能力、自主学习能力、社会实践能力的提高，学生社会责任感、使命感的增强等教学目标之外，还应当将"确定研究课题""制订研究计划""开展探究活动"等学习活动有意识地向学科教学中渗透，只有将研究性学习课程与学科结合起来，才能让更多的教师积极参与到学生课题研究指导之中，才能真正实现研究性学习课程所设置的教学目标，也才能最大化地彰显出研究性学习的课程魅力。

第三，要体现出研究性学习的校本特色。

研究性学习是国家规定的一门必修课程，但国家教育部并没有规定统一的教学内容和教学模式，如何实施，完全由各地学校结合本校实际自行开发。正是这种宽松的课程实施环境，使得研究性学习成为普通高中课程改革中的一大亮点，极大地激发起各地各校开展研究性学习的积极性和自信心，也涌现出了许多典型案例和成功经验。但是，某些地方教育行政部门企图借助制订统一实施方案、编印统一教材、规定统一教学模式等手段来实现研究性学习课程规范化、常态化的做法是不符合国家课程设置初衷的，也是行不通的。相反，他们应该努力的方向是为学校创设一个宽松的氛围，积极倡导研究性学习课程实施形式的多样化，鼓励学校大胆实践、勇于创新，尽可能形成各个学校自己的教学特色。这样做，才可以避免政府部门出台很多"文件""精神"，但实施效果却一般的尴尬局面；才能防止研究性学习课程的开发与实施随学校个别领导的个人意志的转移而转移，严重影响到课程的严肃性和连续性，极大地伤害到从事研究性学习教学活动教师们的自信心。

研究性学习的实施也给每位教师提供了一个探索实践的机会，在此，衷心祝愿研究性学习能够稳妥扎实地不断推进，希望更多的教师都能品尝到研究性学习的"酸甜苦辣"，充分发挥自身潜力，尽快成"名"成"家"。

研究性学习：在探索中前进

——郑州市第十二中学研究性学习推进进程综述

开放性主题活动课程是我校研究性学习的基本形式。开课伊始，一没有专业师资，二无经验可资借鉴，学校在摸索中前进，在实践中探索，经过2008年一年的努力，我们完成了开放性主题活动课程第一阶段试验总结，掌握了课程的基本规律和特点，到2009年我校的研究性学习活动开始进入规范和推广阶段。

从2009年暑期开始，我校设立了研究性学习的专职教师，对学生的研究性学习进行全方位跟踪指导。在开题报告阶段，我们多方挖掘学生发现问题的潜力，引导学生对一些司空见惯的现象进行深入思考，使学生根据自身周围的自然、社会、自我等众多现象，提出问题、转化为课题、经过开题报告会最终确定学生的研究性学习的课题。在课题确定以后，学生根据自己研究课题的特点和内容，纷纷主动找自己的任课老师进行指导，改变了以往任课老师给学生找课题，学生往往不情愿，老师积极性也不高的尴尬局面。

高二（5）班的杨磊同学善于发现问题，对我们学校门前的断头路历经数年规划而迟迟没有打通从而影响我校的周边交通及环境产生了诸多疑问，在老师的指导下，杨磊同学确定了"我校门前断头路未能打通的症结何在？"的研究性学习课题。该同学通过查找郑州市有关规划，设计问卷调查表格、民意测验，访问有关职能部门，有条不紊地进行课题研究，俨然就是一个小小的科学家。

高二（3）班窗外就是一棵大树，上课时，经常会有臭虫光顾该班级，而且还会发出非常难闻的气味，同学们对臭虫的生活习性产生了浓厚的兴趣，遂产生了研究的念头，经过老师的指导，他们确定了"臭虫生活习性的调查研究"课题。他们制订了详细的研究方案，通过查阅文献、详细观察、科学解剖等方式进行研究。

为了使研究性学习落到实处，在研究性学习中期评估阶段，我们对学生的研究进展及时跟进，采用档案袋的管理方式，记录学生在研究性学习过程中的成长经历。

为了搞好结题工作，我们成立由教师和学生组成的评议小组，对学生的研究过程从课题的确定、方案的制订、方案的实施、各种调查数据等多方面全方位地进行科学评价，对学生的研究性学习给出公正、合理的评价。

关于我校研究性学习成效，用同学们的体会最能说明。正如一位同学所说：生活中的点点滴滴、酸甜苦辣，没有尝试是无法体会的。最近，因为课题研究的需要，我们小组走出校门，走向了街道和有关部门，遇见了形形色色的人，窥见了社会的各个方面，我们的研究课题尽管是第一次实践，但的确很难忘，它锻炼了我们的口才，提高了我们的应变能力，增强了我们的信心，也开阔了我们的视野，从前觉得课题研究枯燥无聊的念头已抛在脑后，原来课题研究也可以是轻松愉快的。

研究性学习学科特色发展思路

一、学科特色的主要思路和定位

1.发展学科特色的主要思路

以学生综合素质的提高和创新素养的培育为中心，坚持"三提高、三培养"的工作思路，即：提高学生发现问题的能力，培养学生的创新思维；提高学生解决问题的能力，培养学生创新品质；提高学生的动手实践能力，培养学生的创新能力和审美能力。以此为基础，初步形成研究性学习和创新意识培养的育人特色。

2.研究性学习学科特色定位

围绕基本要素，进行研究性学习和创新教育育人模式的体系构建。研究性学习将围绕"三提高、三培养"的工作思路，对研究性学习的培养目标、培养制度、培养过程、培养评价等基本要素进行科学规划、高效运作、分步推进。

培养目标。按照普及性、发展性和特长性目标阶梯式推进。实现两个突破，一是突破传统教学模式，在教师引导下，使学生在教—学—研的一体化设计中得到发展和个性张扬；二是突破传统思维模式，在专家团队的引领下，使学生发现问题、解决问题的能力得到长足地发展。

培养制度。一是制订创新人才发展规划和相应的保障制度；二是建立创新人才培养师资队伍建设的规章制度；三是建立健全创新人才，培养校内校外联动的运行机制。

培养过程。重点体现在以下四个方面。一是根据学生的特点和基本情况，构建基础课程、能力课程和研究课程系统；二是在课程系统学习基础上，以课题为主线展开研究，按照基于问题研究的五个步骤，对学生的各项能力进行展示和培养；三是以参加全国各级各类的创新大赛为依托，贯穿创新人才培养的整个过程；四是学生体验知识产权申报的全部过程，为学生日后的发展奠定良好的基础。

培养评价。坚持过程性评价，做好日常的发展手册的填写。按照课题研究进展和参与全国大赛的不同获奖情况给予评定。重视学生体会和感受的收集和整理。

二、发展学科特色的主要措施

1.加强师资队伍建设，加大教育资源的支持力度。

2.推进课程改革，以能力培养为导向开展课程建设。

3.以潜力开发和能力发展为导向，加强课堂教学改革。

4.以项目研究为载体，科技与艺术相结合，推进研究性学习和创新教育、创客教育再上新台阶。

5.搞好综合素质评价，为学生特长发展奠定基础。

6.开展研学旅行，培养学生的爱国情怀和社会责任感。

三、发展学科特色的具体操作办法

1.面向全体学生，以研究性学习、学科教学、社团课程为课程载体，按照三级培养目标，培养出具有不同潜质的学生；根据学生的不同情况，以集中与分散相结合的方式，充分利用研究性学习的课时、周末和假期进行学习。

2.高一上学期，通过研究性学习课程和《我与创新共成长》的通识培训，使学生知道什么是研究，了解一定的研究方法，如何从所学知识中发现问题，如何将问题转化为课题。

高一下学期开始实施课题研究，完成分组、选课题、定课题、写开题报告、汇报、计划、搭建框架结构、检索、总结、完成报告、汇报展示、评价等一系列工作。

3.以学生为主体，根据项目研究的需要，搭配不同的成员参与。比如：发明与知识产权项目组是由善于动脑、观察力敏锐、有获得国家知识产权理想的学生组成；中学生水科技项目组是由对环境、能源、工程感兴趣，而且有节约、环保的良好习惯的学生组成；头脑奥林匹克项目组（OM）和目的地创意思维项目组（DI）是由有设计特长、制作特长、艺术特长、英语专长、编剧特长的5—7个学生组成。

4.高端研究性学习的学生由各个教学班推荐，年级筛选，实验室重点培养。

5.以学生参与研究性学习课程的表现和业绩水平作为评估标准，更多地关注学生参与项目研究的过程和体验，以学生参与项目的水平为参考，不强调学生取得什么科研成果，重要的是学以致用，注重能力培养。

6.组织科学报告会，帮助学生认识科学技术发展的现状，学习科学有效的研究方法。

7.积极开拓校外更广阔的实践基地，为学生参与实践活动创造有利条件。

8.以学校一年一度的科技节和每周一次的社团活动为平台，开展丰富多彩的创新竞赛和作品展示，营造良好的研究氛围。

9.设立智慧银行信箱，每月一展评，将学生的创新设想转化为知识产权进行保护，并对项目新颖的学生进行表彰。

10.设计好研学旅行主题，开辟国际、国内两条研学旅行线路，编写研学旅行规划，在寒暑假适当时间组织学生开展活动。

四、分阶段稳步推进，形成研究性学习特色

2019上半年年，研究性学习管理系统运行上线，学生研究过程采用无纸化管理，突出过程性。

2019下半年，研究性学习与多学科融合，教师广泛参与，研究性学习的特

色凸显。

2020年，研究性学习的课程体系、操作模式、评价策略、成果展示、宣传推介等学科特色形成。

五、项目实验组织机构及软硬件建设

（一）学科特色建设领导小组

组　　长：孟天义

副组长：史克威　毛东旺

办公室：李九泉　张红勋

在领导小组带领下，配备专人负责学生研究性学习的教学、管理、评价和研究等各项工作，制订研究性学习三年发展规划，整合资源，建章立制，以学科教研组、创新实验室、数学观察实验室为阵地，开展研究性学习和创新人才的培养，形成学校高度重视、多部门协调配合、师生积极参与的长效工作机制。

（二）项目实验师资队伍结构

遵循普通高中教育教学规律，采用专兼职结合的思路，通过校外引进和校内培养相结合方式，建设一支敢于尝试和突破常规、符合能力导向要求的高素质师资队伍。学科课程由校内教师完成，能力导向课程由校外专家和校内教师联合完成。

职称结构：高级职称12人，中级职称5人，外聘研究员若干。

学历结构：硕士6人，本科12人。

年龄结构：平均年龄35岁。

1.专家团队（部分）

陈伟新，原上海教育报刊社总编，上海头脑奥林匹克创新协会执行主席；

毛勇，博士，中国教育国际交流协会青少年国际竞赛与交流中心主管；郭元祥，博士生导师，教育部华中师范大学课程中心常务副主任；岳宇巅，高级教师，河南省基础教育教学研究室综合室主任；侯家选，硕士，河南省青少年科技中心项目主管；郭国平，郑州市知识产权局局长；霍彦伟，讲师，郑州中原专利事务所所长。

2.教师团队（部分）

张红勋，硕士，中级教师，市综合实践活动学科中心组成员，省教育厅学术带头人；张雁，数学高级教师，河南省教育装备专家组成员；王飞，中级教师，河南省机器人教育专家。

高一、高二、高三年级组组长钮亚军、李新强、霍本龙及各教研组组长。

（三）项目实验条件

1.学校软硬件建设

为了搞好研究性学习学科建设，学校整合校内多种资源，倾力打造了570多平方米的创客工场。创客工场由五部分组成：信息发布与检索中心、项目研究与设计室、机器人工作室、数学探究实验室、制作空间。创客工场由专人负责，定期开课，成为学生创新创造的乐园。

2.相关的教室基地、教学资源

①创客工场——信息发布与检索中心

学生在开展项目研究时，需要借助网络检索信息和查询资料，学校为此配备了8台电脑，设立了创客工场检索中心。同时，该中心的另一个功能是对学校学生开展的创客活动进行关注，对学生的创新作品进行宣传，将创客活动信息在河南创客网进行推广和发布。

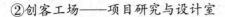

②创客工场——项目研究与设计室

设立四个平台，组建八个项目组。一是创新学习平台。学校专门征订了《发明与创造》《少年发明与创新》《中学科技》等杂志，定期组织学生阅读，启迪学生的创新思维，为日后的创新活动奠定良好的思维方法基础；二是科学讨论平台。学生在阅读和学习以后，结合自身发现的问题，开展思维风暴，进行科学讨论，为创新活动插上坚毅的翅膀；三是合作设计平台。学生在前两个基础之上，开始设计和规划，将自己的课题付诸实施；四是成果展示平台。学生设计成熟的成果或者作品，在此展示和交流，为下一阶段学生开展科技创新活动提供启发和思路。

③创客工场——制作空间

学生的创客项目经过研究，有些需要制作模型或者实物，有些需要动手实验，学校专门配备了制作空间，3D打印机、激光切割机、数码车床等现代化的制作设备工具一应俱全，为学生动手实践创造了良好的条件。

④创客工场——机器人工作室

机器人创客教育实施方面，我们是机器人教学、实践活动与教育模式研究相结合，一方面利用选修课、社团活动进行教学、动手实践及参加比赛活动，另一方面成立课题组进行创客教育方面的课题研究。经过这几年的实践和研究，我们发现，机器人教育对我校培养学生的创新实践能力确实起到了很大的作用。

⑤创客工场——数学探究实验室

高中立体几何实验室建立起来后，主要是通过几何实验室为学生提供一个广阔自由的空间，让每个学生通过看老师设计、制作、观察思考、自己动手去模仿，创新设计制作，类似于理化实验，亲自动手操作将所研究问题的空间关系显示出来，使学生在立体图形与其相应的模型对照下，建立起准确的空间概念和良好的空间想象能力，从而得到方便快捷的解题思路和方法，提高分析问题、解决问题的能力。在教学的过程中初步形成了一套较实用的教（学）具。

深入开展研究性学习　切实提高学生基本学力

——郑州市第十二中学研究性学习的实践与探索

郑州市第十二中学积极响应国家新课改的号召，按照河南省普通高中新课改的教学指导意见，将研究性学习课程的实施纳入学生综合实践活动考评项目，在实施过程中，目标明确、整体规划、大胆尝试、不断完善、开拓创新，使每位学生在研究性学习中快乐而健康地成长。学校的研究性学习从无到有，从无序到规范，从单一到多样，正在如火如荼地开展。

一、适应新课改的要求，顺应时代发展，为研究性学习的开展提供良好的课程环境

新课改中，研究性学习作为必修课之一，注重学生未来的发展，符合时代的发展潮流，体现时代性、基础性和选择性，同时兼顾学生志趣和潜能的差异和发展的需要。

首先，作为河南省课改样本校，为了有效指导学生开展这项活动，学校成立了以校长为组长的综合实践活动课程管理领导小组，教科室设研究性学习专职教师一人，教学副校长统一协调。

其次，为使此项工作规范化，我校先后制定了《郑州十二中综合实践活动课程实施办法》《郑州十二中研究性学习实施方案》，这些方案的制订使我校综合实践活动有本可依、有章可循，保证了课程的顺利实施。

另外，学校配备了研究性学习专职教师，提供活动场地，制订了课程实施计划，为学生研究性学习活动的顺利开展提供了良好的环境支持。

二、体现课程特征，提高课程活力，把研究性学习切实落到实处

（一）研究性学习作为课程，学校做到了整体安排，统一部署

研究性学习既然为课程就必须作为课程来管理。基于此，我们在对国家课程目标理解的基础上，结合我校实际情况，分项设计了综合实践活动课程的课程目标和课程实施内容，把研究性学习作为一门课程排入课表，在课时和活动安排方面予以保障。

（二）学校的研究性学习课程安排

在课程安排方面，高一上学期由专职教师对学生进行理论通识培训；高一下学期，以"人与自我"为主题，侧重于人文教育，目的是提高学生的人文素养，引导学生观察社会、了解社会。高二上学期，以"人与自然"为主题，侧重于科学教育，目的是强化课题研究与学科知识的结合，使学科知识得到优化整合，借助于研究性学习掌握科学的研究过程。高二下学期以"人与社会"为主题，侧重于责任感、使命感的教育，强调关注热点、焦点问题，引导学生把所学知识与社会有机结合。高中三年，学生必须完成至少三项课题，学校保证有270个学时用于研究性学习。

（三）具体操作方法和流程

1.通识培训：为了使全体学生对研究性学习有一个系统的认识，在高一年级上学期，我校开设了研究性学习理论指导课，由专职教师对全体学生进行通识培训，每周一节课，主要内容有《认识研究性学习》《如何进行研究性学习选题》《如何搜集研究资料》《科学研究的方法》《怎样制订研究方案》《研究性学习成果的表达方式》等。通过通识培训，学生知道了课题即问题，学会了提出问题，并把问题转化为课题。

2.选题：

①导师推荐课题：2008年，在起步阶段，为了解决学生不知道怎么选题的问题，学校要求全体任课教师结合自己所教学科，向所带班级学生推荐一定数量的研究课题，在教室或宣传栏向全体学生公布，由学生根据自己的兴趣、爱好选择研究课题和相应的指导教师。由指导教师平衡和协调，学生自由结合成研究小组，在指导教师的指导下开展研究活动。

②学生自我选题：自2009年我校设立研究性学习专职教师后，采取了教师推荐与学生自我选题相结合的方式进行选题。在进行通识培训以后，学生已经掌握了研究性学习选题的原则和方法。我们就开始放手让学生自我选题。具体的方法是，学校在每个班大致圈定一个主题，由学生在主题指导下，先自愿结合，4—6人为一组，每组的每一个成员提出一个问题，由小组成员共同将问题转化为课题。最后在征求导师意见的基础上，确定一个课题为本组研究性学习的课题。

3.开题：每个小组在课题确定以后，小组成员就要拟订研究计划，填写开题报告。并分班举办班内开题报告会，由课题组组长面对全班学生宣布自己组的成员及分工，课题提出的背景、课题研究的目的意义，准备采取的步骤、预期成果等，接受指导老师和全体同学监督和评议。

4.研究：课题确定以后，按照各自的分工和研究计划的要求，在教师的指导下，同学们利用课余和节假日走上街头，深入社区，扎进实验室，钻进图书馆，进行调查、实验，收集资料，分析研究。

5.中期评估：在前期研究和搜集整理的基础上，在课堂上，学生分组汇报并综述自己的研究进展，汇报研究过程中存在的问题和遇到的困难，小组成员集思广益、各抒己见并做好记录、汇总整理。为下一步的研究寻找思路和有效的方法。

6.结题：经过一个学期的研究，各小组基本完善了自己课题的研究成果。专职教师设立公共邮箱，接受所有小组递交的研究报告。最后两节课，为了让各小组充分交流，我们召开结题报告会，分小组展示并汇报自己的研究成果。各班成立研究性学习评价组，对每一个课题进行评估打分，作为推选优秀课题的依据之一。

7.展示交流：学生结题汇报以后，我们按照三步走的步骤，开展研究性学习的交流工作。首先是班内交流，由全体小组参加，汇报各自的研究成果和研究体会。其次是年级交流，在班级交流基础上，按照一定比例，推选出各班的优秀成果，在年级进行展示和汇报。最后是学校交流。年级交流以后，推选出优秀的小组，向全体教师和学生汇报自己的研究成果，展示研究性学习给学生带来的变化。

　　研究性学习从学生选题、中期评估、结题到成果展示，都列入学校学年教学计划，由学校统筹安排，保证了整个课程的顺利实施。

（四）以提高学生的基本学力作为我们开展研究性学习课程的指南

　　在普通高中开设研究性学习课程，必须以提高学生的基本学力为根本目标，必须设计和学科相结合的课程内容，必须设计简单易行可操作的评价机制。为解决上述问题，必须借助于课题研究。2008年8月，我校申报并承担了国家级课题《综合实践活动评价策略研究》；2011年，我校申报并承担省级课题《研究性学习与学科知识的整合》，两项课题由庞校长具体牵头，各处室和专职教师参与研究。

三、构建学校学分评价体系，探求合理科学的评价机制，为研究性学习的评估提供科学依据

　　为了提高研究性学习的效果，使学生不断提高参与活动的质量，学校建立了一套科学合理的评价机制，采取自我评价、小组评价、教师评价的方式，对学生的各项活动内容进行记录评比并作为对学生给予学分的依据。

　　研究性学习成果的评价：

　　1.评价的依据和方式：我们要求每个研究性学习小组都有一个专用纸质档案袋，从问题的形成到最后成果完成，每一个步骤都建立完整的研究档案，作为评价的重要依据。根据研究性学习的进度，我们制定相应的考察量表，采取

自我评价、小组评价、教师评价的方式，对学生的各项活动内容进行记录评比，并作为给予学生学分的依据。

2.学生个体评价：在评价学生的研究性学习时，主要抓住几个关键点。比如说：是否参与课题研究小组，在小组中承担了什么任务，是否按照有关要求开展课题研究。先有本人自评，再有小组成员之间互评。小组自评的结果按照一定的比例计入学分。交流时发言是否积极，研究性学习结束后，是否上交研究性学习的体会和总结。

3.小组整体评价：对于小组评价，学校一般按照研究性学习的流程进行评价。如选题评价、研究效率评价、团队合作评价、结题汇报评价等。制定一系列量表，按照一步一个脚印的方法，让学生把整个的研究过程记录在册。（附结题展示评价量表）

4.评价结果呈现形式：对于学生的研究性学习的评价结果，我们一般先进行等级认定，然后进行学分评价。根据整个研究性学习的记录和考评，由指导老师写出研究评语，征求研究小组的同意，将研究成果分为优秀、合格、不合格三个等级。在此基础上，对于优秀和合格的小组，给予一定的学分，并对优秀者进行表彰。对于不合格的小组，重新补充材料并进行研究，直到研究成果达到合格为止。

四、"领跑"高中新课程改革，开展成果成效显著

（一）我们的学生在悄悄地发生变化

我校研究性学习课程的开展受到了学生们的普遍欢迎和一致好评。如一个小组开展了《中国结的制作法的研究》。课题研究结束后，他们在研究性学习总结与体会中写道：本学期刚开始的时候，我们做了《中国结的制作法的研究》课题。在为期三个月的研究中，我们小组成员团结协作、勇于探索，学到了许多书本上没有的东西。正是因为国家推行了研究性学习课程，才使我们高中生有了研究的机会，所以，我们打心底里非常感谢新课改，非常感谢研究性

学习这门课程。研究性学习课程确实是一门不同凡响的新课，它让我们学会了交流和分享，培养了我们严谨求实的科学态度，不断追求的进取精神，不怕吃苦、敢于克服困难的意志品质以及追求真理的科学道德。

（二）学校的研究性学习工作取得了一定的成绩，得到了有关部门的认可

由河南省教育厅主办、郑州市教育局承办的河南省普通高中综合实践活动教师培训现场会在郑州市第十二中学隆重召开。全省300多名教师汇集到郑州十二中学习交流自新课改执行以来综合实践活动的成果。与会的首都师范大学陈树杰教授、华东师范大学张华教授对学校在综合实践活动课程实施过程中做出的成绩给予了肯定，并将学校的一些切实可行的做法向参加培训会的学员进行了推广。

2011年全国综合实践活动课程年会在哈尔滨召开。本次会议由教育部综合实践活动项目组、中国教育学会教育学分会综合实践活动学术委员会主办，主要任务是对综合实践活动阶段目标和课堂教学进行交流和研讨。会议对来自全国不同学校的92节课进行了教学展示，郑州市第十二中学张红勋老师执教的一节《调查问卷的设计》现场课被评为高中组一等奖。

在河南省综合实践活动学员培训大会上，周继莉副校长代表高中新课改样本学校首先发言，她从观念先行、制度建设、研训结合、难点突破等四个方面介绍了学校在综合实践活动新课程准备中所做的一些初步探索和实践，介绍并解读了学校高中新课改实施方案、制度管理、课程设置、研究性学习课程的开设、评价，并对学分认定做了说明。张红勋老师还为全省学员做了一节示范课，该示范课得到了与会人员的一致好评并引起了与会代表的浓厚兴趣，夸赞张红勋老师的示范课具有一定的启发和示范作用。

河南省教研室综合室岳宇巅主任指出，十二中对综合实践活动课程认识到位，在新课改准备工作阶段扎实、认真，成效突出，在高中新课改准备工作的调研、评比中走在了全市最前列，获得了教育界的广泛认同和肯定。

研究性学习需要好的开局

　　研究性学习实施步骤通常可以分为三个阶段。即前期准备阶段、中期探究阶段和后期总结阶段。每个阶段用时大约一个月，一个学期为一个研究性学习周期（每学期除去节假日、星期天和复习备考，正常上课时间大约为三个月左右）。每个阶段需要进行的学习活动分别为：准备阶段包括成立小组、确定课题、制订计划、举行开题报告等。探究阶段包括文献查阅（或网络查询）、问卷调查、咨询访谈、实地考察、实验验证等；还包括制作展览板（如手抄报）、创作多媒体课件、在校园网上发表文章、创办校园黑板报、举行公益性活动等（如科普知识宣传或环保倡议活动、趣味知识讲座、其他竞技活动等）；另外，还要开展中期成果展示与交流等活动。总结阶段包括整理材料、撰写研究报告、提交其他形式的研究成果（如实物、模型、图片、视频等）；举行论文答辩会；进行终期成果评比与表彰（评选优秀班集体或课题组及先进个人）等活动。由此可见，研究性学习内容多、任务重，同学们要有紧迫感，要按照学校的整体部署，保质保量按时完成学校规定的学习任务，交出一份令师生满意的答卷。

　　学校一般采取小组合作的方式进行研究性学习活动。"研习"小组人数大都控制在6人左右（人员过少或过多，都不利于研究性学习活动的开展）。要建立一个坚不可摧、团结进取的"研习"小组，不能过于草率，需要把握几个要点。第一，要推选责任感和组织能力强、在学生中威信比较高的学生担任组长（组长是一个"研习"小组的核心人物，从某种意义上说，他（她）决定着一个小组甚至一个班级课题研究的成败）。第二，各组要尽量吸收具有一定特长的成员。分别扮演资料保管员或材料编辑、公关联络员、成果发布员、安全保卫员、后勤服务员、电脑操作员等角色；拒绝纪律性差、合作意识或集体荣誉感不强的学生加入小组。因为，这样的学生（不包括考试成绩靠后的学生）在小组中会产生很多负面影响，将严重影响整个小组成员的"研习"成绩。第三，聘请专业人士担任小组辅导教师（可以从学校教职工或自己的亲朋好友中选聘），小组只有在教师的指导下，才有可能取得较好的成绩。第四，建议男女生相互结合（女生大多心灵手巧、做事认真；男生思路开阔、大胆果敢，可以充分发挥优势互补的作用）。

一、确定研究性学习课题需要教师"强势干预"

课题的确定在研究性学习活动中起着至关重要的作用，所以，师生们都需要持谨慎态度。一个课题合适与否，确实需要从多个方面去权衡。但我认为，课题研究的"可行性怎样"才是最应该特别引起师生们关注的要素。再"好"的课题如果没办法去实施就不能算好课题。反而那些不被看好的课题，假若能顺利实施，当然就是好课题。所以，在确定课题时，不应过分强调课题的趣味性、实用性、新颖性等特点。一定要在课题研究的可行性方面多做文章。为此，笔者根据多年来的实践体会，谈一些个人感悟，与大家共勉。

第一，建议先确定贴近现实生活的班级总课题，然后，各研究性学习小组围绕班级总课题再确定自己的分课题。这样做既可以集中全班学生的智慧和力量把班级专题研究得更全面、更深入，真正实现课题研究所预期的解决问题之目的，又便于班级、小组间展开公平竞争与比较。总课题的选择或确定要尽可能贴近现实生活。如："提高教学（学习）效率""建设良好班集体""学校教育特色研究""和谐校园建设""校园文化建设""校园环保""学校的过去与未来研究""丰富多彩的校园生活研究""中学生身心（饮食）健康""中学生素质"等专题就适合作为各班总课题。可能部分师生担心这样做会使选题受到限制，影响师生们对研究性学习的积极性。事实上，每个专题都是一个非常宽泛的大问题，可以从中剥离出无数个子课题，照样会给学生的选题留有足够的思考空间，也可以关照到学生们的兴趣爱好。另外，各组在围绕班级专题选择自己子课题时，需要学生以大局为重，牺牲点个人小利益，这无疑也会有利于学生大局意识的培养，至于研究兴趣，往往可以在以后具体的实践活动过程中逐渐培养。

第二，尽量把研究课题设计为实践活动的形式。从某种意义上说，研究性学习其实就是一种实践性学习活动。那么，如果将课题设计为实践活动就更能体现出研究性学习的活动性特点，更容易实现研究性学习的课程目标；再者，一个实践性活动往往都有相对固定的实施模式，通常都是由活动目的、活动设计、活动实施、活动反思等若干个环节组成的，对学生来说并不陌生。可见，如此设计课题会使原本让学生感到神秘、复杂的研究性学习变得不再抽象、可怕。毫无疑问，课题研究的可行性也就会大幅度地加强。

第三，在确定课题时，教师的强势作用要充分发挥出来。与学生相比，教师在生活经验及阅历等方面都存在着明显优势。那么，在学生选择课题时，教师若能高屋建瓴地加以引导，就可以避免学生选题时贪"大"求"全"，防止抽象费解甚至错误命题的出现。另外，选择课题时会存在众口难调的局面，此时就需要发挥指导教师的"强势干预"作用。将教师个人意见或建议融入到课题选定之中，一方面可以提高选题质量，另一方面也可以提高选题效率。

总之，课题的选择与确定既是研究性学习活动中的一个实施重点，又是一个实施难点。多年来，我们一直在探索选择或确定适合学生研究课题的最佳方法与途径，虽然也取得了一些成绩，但我们相信没有最好，只有更好。让我们共同努力，实践探索！

二、研究性学习需要认真计划

研究性学习课程的推广与普及进展缓慢，主要是由于课题研究持续时间长（通常为一个学期或一个学年）、程序冗杂、操作性差等原因造成的。为了防止课题研究的盲目性，预先制定一个周密翔实的"施工蓝图"是非常必要的。制订计划主要应从以下三个方面做文章。

第一，分工与合作并重。

各研究性学习小组需预先把本组课题（或研究项目）再进一步分解细化为若干个更具体的子课题（或子项目），然后，再由各小组成员一一承担，不能把成员任务仅仅简化为资料搜集（或资料保管）、成果发布、安全保卫等事务。应让每名成员都有一个属于自己的研究题目或活动项目，真正明了自己的职责和任务，避免行动的盲目性。同时，这种责任到人的做法，也便于指导教师进行检查、督促、评价等管理工作。作为研究性学习小组的一员都应具有大局意识和集体荣誉感，积极主动地承担起各个子课题（或子项目）的研究重任，扮演好多重角色，既做指挥员又做战斗员。发挥各自优势，为小组的课题研究做出应有的贡献，从而彰显出团队的力量。坚决杜绝无所事事、滥竽充数者给小组带来的负面影响。

第二，突出实践行动研究法。

课题研究肯定离不开常见的研究方法，如：文献查阅法、问卷调查法、实验验证法等。但在研究性学习过程中，更应提倡采取实践行动研究法，这样才能更好地体现出研究性学习的实践性特征。所以，要发挥每名成员的聪明才智，想方设法去设计和实施一些丰富多彩的实践活动。例如：中学生交通安全意识调查课题组所开展的诸如组织实施交通协管活动、接受八大交通指挥手势训练活动、举办安全知识专题讲座活动、编创涉及交通安全知识的诗歌、小品及朗诵、表演等活动，都能很好地实现研究性学习课程所设置的预期目标。

第三，创设学习条件。

研究性学习的有效实施确实离不开学生们的浓厚兴趣和热情，但是单靠这些软条件远远不够，还需要许多"苛刻"的硬条件做支撑，比如：充足的时间、足够的人力、财力、物力资源等。可令人遗憾的是，当今社会和学校还不能为研究性学习的实施营造一个良好的环境，无法满足学生们的学习需求，甚至在学习过程中还可能遭遇到来自教师、家长等相关人员的人为干扰。面对严峻现实，要进行研究性学习既需要学校及指导教师们的努力，更需要小组自行创设学习机会或条件，比如：充分利用好节假日、星期天及课余时间，随时随地进行研究学习；中学生进行课题研究时，要尽量做到不花钱或少花钱；成员要学会充分利用好学校教师或家长、亲朋好友这些人力资源。谁能最大化地利用好校内外资源，谁就更容易取得较好的研究成果。所以，小组要争取能够得到来自各方面的支持与帮助，挖掘一切可以利用的学习资源，确保后续活动一路畅通。

除以上所述之外，计划中还应明确课题研究的具体目标、预期成果形式、将要突破的重难点。另外，还应预设应急预案，建立起监督制度、评价制度、安全保障制度等。确保实施方案万无一失。

其实，研究性学习的实施并不神秘、可怕，要知道事在人为，只有想不到，没有做不到。只要大家树立信心、大胆尝试，必将取得意想不到的收获。

三、开题报告需要精心打造

在高中研究性学习实施过程中，开题报告发挥着举足轻重的作用，甚至直接决定着课题研究的成败。开题报告不仅是研究性学习的一个良好开端，还是小组研究性学习活动的一次"大检阅"；开题报告既为学生提供了一个公开展示个人风采的舞台，又为学生们的创新意识提升及自我规划能力的锻炼创造了机会。另外，还可以进一步激发学生们研究性学习的积极性和自信心，也可以充分发挥班级所有学生的聪明才智，增强学生们的关爱意识，强化集体荣誉感，进一步完善每个小组的实施计划，提高课题研究的可行性，实现小组间交流、沟通、共同提高的目的。可见，设计和举行一场隆重热烈的开题报告会显得尤为必要。

好的开题报告当然要建立在一个周密、完善的计划方案基础之上，因此，需要小组预先商讨一个翔实的实施计划。同时，从"课题计划"到"开题报告"还有一个再创作的过程，那么，又需要小组预先再策划设计一个合理的报告方案，并动员小组成员搜集、组织报告素材，甚至还应组织进行试讲或排演等工作。事实上，尚未拟订研究计划和报告方案的小组不可能做好开题报告，反而一定会给后续研究性学习活动带来诸多负面影响。所以，小组长或指导教师要做好检查、督促、评价等工作，只允许验收合格的课题组参加开题报告。

开题报告一般需从以下四个方面考评。

第一，态度端正，严肃认真。要确保开题报告隆重热烈，达到预期效果，首先要求每名成员必须从思想上予以高度重视。报告时一定要注意自己的言谈举止，表现要落落大方；要体现出良好的精神风貌和严肃认真的科研态度；要有大局意识和强烈的集体荣誉感，力争在有限时间内（大约5分钟左右）最大化地展现出自己精彩的一面，为小组赢得好评。

第二，陈述完整，重点突出。在规定时间内要注意全面陈述：研究的课题与内容、研究的方法与步骤、成员的组成与分工、依据的条件与成果形式等，确保听众（或评委）对小组计划有个整体了解。但同时要有所侧重，例如：可以强调小组实力及具备的研究优势等，力争在某些方面能给大家留下一个较为深刻的印象，避免平铺直叙，泛泛而谈。

第三，富有创新，体现特色。培养学生的创新能力是实施研究性学习的一个宗旨。除了要求内容新颖、题目"响亮"，研究方法独特、可行，研究结论有独到见解之外，还提倡开题报告形式要别出心裁、与众不同，例如：可以借助多媒体或实物展示进行讲述，也可以采取小品表演或说唱等鲜活的形式来替代枯燥乏味的单纯"说教"，这样既可以活跃报告气氛产生良好的互动效果，无形中还有利于学生们的创新能力、实践能力等非智力因素的提高。

第四，思维敏捷，配合默契。要确保"开题报告"取得圆满成功，还需要班级全体同学的共同努力和密切配合。台下听讲的学生要尊重别人的劳动成果，多鼓励、肯定并积极思考，多提宝贵意见，尽量为其他小组出谋划策，帮助其完善研究计划。台上发言的学生要积极回答师生（或评委）提问，并虚心接受别人的批评或建议，从而营造一个和谐、融洽的学术研究氛围。

另外，建议设立由班干部或课题组长组成的评委，并要求评委在给每个小组开题报告打分（去掉一个最高分和一个最低分）时，要做到公平、公正和透明。然后依据得分对各组进行成绩排序。凭借评价手段实现小组间的公平竞争。

总之，隆重热烈的开题报告是高中研究性学习活动中一个不可缺少的重要环节，只有好的开始才可能产生好的结果。所以，每所学校都应结合学校实际及中学生自身特点，认真履行好研究性学习应遵循的课题申报、课题评审、课题立项、课题鉴定等实施流程。尽快让高中研究性学习课程步入规范、常态化的实施轨道。

研究性学习课程的基本经验和做法

一、开展研究性学习的基本原则和出发点

一是开展研究性学习以培养学生的"基本学力"为重点。在培养学生的基本学习能力、观察能力、获得知识的能力上下功夫；二是研究性学习与学科结合，提高学生学习的兴趣和热情。深入到课程教学领域，克服目前高中教育单一、封闭、被动的弊端；三是开展研究性学习，以主题活动为主线，按照循序渐进、逐步提高的原则，由低年级到高年级分阶段分步推进。

二、在研究性学习课程实施中的具体做法

高一年级第一学期，由专职老师对所有学生进行理论通识培训，让学生学习并掌握研究性学习的特点、流程、研究方法、选题指导、研究计划的书写方法等。学生学习结束，进行纸笔测试，理论合格给予一定学分。在理论学习过程中，穿插学习一些研究性学习的成功案例，使学生掌握一定的研究技巧，为下一步的课题研究打下坚实的基础。

高一下学期，以"人与自我"为主题，侧重于人文教育，学生主要选择社会调查研究和文献研究类的问题，也鼓励学生选择社会性活动的设计，在提高学生人文素养的同时，对学生进行社会科学基本研究方法的训练，学习观察社会、了解社会并努力提高问题意识。

高二上学期，以"人与自然"为主题，侧重于科学教育，学生主要选择自

然调查研究和实验研究类的问题，也鼓励选择科技类项目的设计，为了提高学生学习的积极性，学校提倡学生的研究课题与学科结合。让学生体验一个课题研究的完整过程，掌握科学研究的基本过程，尝试围绕一个问题，通过自己的研究活动进行证明或解决。

高二下学期，以"人与社会"为主题，侧重于责任感、使命感的教育，强调关注热点、焦点问题，为经济和社会发展服务，包括社会问题、环境问题等，学生在课题研究与项目设计中自由选择课题的类型，让学生接受比较规范的调查与研究训练，使形式、方法、分析研究和结论都规范和完整。

三、研究性学习课程的学生学业评价采用档案袋评价

这种评价模式是设计一个体系，将学生在一段时间内学习情况的有关信息进行有目的地系统收集和归总，形成学生在研究性领域中这一阶段所做出的努力、进步情况、学业成绩方面的结论。每一个小组都有一个专用档案袋，从问题的形成到最后的成果完成，每一步骤都建立了完整的信息收集系统，如开题报告、结题报告、每次活动的记录表、调查表、访谈表以及访谈对象的签名、学习体会等，共同形成了每一个小组和学生的学习档案。实践证明，这样的评价得到了学生的充分认同，收到了非常好的效果。

四、学校的收获与体会

通过这几年研究性学习的开展，我们深深地体会到我们的学生在成长，尤其表现在以下几个方面：一是在选定课题以后，无论是社会调查还是分析统计，他们都开始用一种科学的眼光来解析社会现象，他们初步尝到了科学研究的滋味；二是在查阅资料以及理论思考方面，他们开始了一种全新的阅读，这种阅读与他们以往的阅读大大不同，他们开始为研究问题而进行阅读，他们在阅读中思考自己的理论框架，这种有意识、有目的的阅读大大提高了学生的学习能力。我们还有意外的收获，就是在学生选题过程中，有意与学科结合，主动找自己的任课老师进行指导，改变了以往任课老师给学生找课题，学生往往不情愿，老师积极性也不高的尴尬局面。

研究性学习铸就研究型特色学校

一、学习主题

指导学生开展研究性学习，以此推进研究型特色学校的建设。

二、学习理念

通过研究性学习活动的开展，充分挖掘和整合学校教育资源，让学校教育充满新的生机与活力；彻底改变传统、单一教育模式一统天下的被动局面，促进我校研究型特色的建设；强力打造研究性学习品牌课程，全面提升学校的整体教育教学水平。

三、学习描述

无论作为一种学习方式还是作为一种课程形态，研究性学习都是全新的课题。面对全新的课题，我校按照新课程方案积极开展探索。从2008年9月开始，我校将研究性学习作为必修课列入课程计划，每周3课时写入课程表，在高中一年级进行尝试。经过坚持不懈的探索，研究性学习在我校已经简化为"研习课"，成为课程专用名词，在全校师生心目中，"研习课"与语数外一样都是必修课，课程实施程序已经建立，课程目标已经初步实现。

在研习课程实施之初，学校设立了以校长为组长的研究性学习课程领导小组。制订了实施方案，将研习课作为一门课程排进课表，既安排有课堂授课时间，又安排有必须的课外社会实践活动时间。学校在教师紧张的情况下，每个年级设两名专职教师，要求所有任课教师参与研究性学习，要指导研究性学习小组的组建、选题、课外研究活动等。学校成立了研习课教研室，采取专职教师到班级负责人再到课题组长，各司其职、各负其责、环环相扣的有序管理模式，做到了有组织、有人员、有阵地、有计划、有安排、有落实、有总结，实现了制度化、规范化和常态化。为了研习课的顺利实施，我们定期或不定期举行校级研习成果交流与展示，组织大型社会实践活动，开设各种专题知识讲座，通过这些活动开阔学生视野，增大学生的知识面，激发学生的兴趣和灵感，为学生"探究"创设一个宽松、向上的环境。

我校的研习课是以设置研究课题为载体，以一个学期为一个课题研究周期，通过课题研究实现课程目标。课题研究通常分为三个阶段：课题确定、课题探究、课题总结。

课题研究首先要建立学校课题库，我校课题库的入选课题要求"四个贴近"：贴近当地的经济社会发展、贴近当地社会生活实际、贴近当地热点及难点问题、贴近学生年龄特点和认知能力。这样才能引起学生的兴趣，激发学生的探究热情。十年来，我校的课题库已累计收录4000多个研究课题。

在学生的课题选定上，我校采取每班选定一个总课题，建立总课题组，各研究性学习小组选定子课题，再建立若干个子课题组，每个总课题组和子课题组都要聘请合适的指导教师，在教师的指导下选定研究课题。选题遵循的原则是：第一，从社会的发展实际中寻找"社会发展"类课题；第二，从学校发展、班级建设和个人成长的实际中寻找"成长的烦恼"类课题；第三，从挑战自我创新能力上寻找"制作与设计"类课题；第四，从服务社会上寻找"公益行动"类课题。在课题确定之后，每个子课题组都要制订一个详细周密的研究计划。最后还要举行隆重的开题仪式，激发学生的学习兴趣。

课题探究是研究性学习的重要程序，要确保探究的质量，学校要求在课题探究时必须完成"十项任务"：一次问卷调查、一本文献资料查阅、一次实地考察、一次动手实验或制作、一次专业人员访谈、一次研讨交流或成果展示、制作一张"手抄报"或一个课件、承办一期"黑板报"、为学校网站提供一篇稿件、举行一项"公益行动"。教师在学生进行探究时，要深入到学生中间，做好检查与记录工作。把平时表现作为小组和个人评价的重要依据，督促学生做好研究性学习的各项任务。

目前我校对研究性学习课题的总结分为两个方面：第一是学分认定。通过学生档案材料展示、论文答辩、评委评审，完成一个研究课题可获得3个学分；第二是总结表彰。学校每年根据各小组在研究性学习实施过程中的整体表现（开题报告、成果汇报、论文答辩），评选出先进课题组、先进班集体和先进个人。对于评选出的先进班集体、先进课题组，学校印发简报予以通报表彰，颁发获奖证书。到此，学生就完成了一项课题研究，也结束了一学期的研习课。

十年来，在省市专家的支持和指导下，我校研究性学习课程顺利实施并获得了多种荣誉及奖励，先后被确定为全国中小学知识产权试点学校、河南省"研究性学习"重点实验学校，被评为郑州市研究性学习先进单位，2011年成功承办了河南省普通高级中学综合实践活动骨干教师培训会，学校负责主编了《走进研究性学习》《我与创新共成长》等多本研究性学习校本教材和学生论文集，荣获国家级教学成果二等奖。

四、学习特点

研究性学习课程是全面转变学习方式的最佳载体，学生在课题研究中，通过自主学习、合作学习和探究学习，最终学会学习；研究性学习与传统的学习方式相比有更为鲜明的优越性，更受学生欢迎；研究性学习课程的开设促使教师成为研究型教师，共同研究课题让师生关系更为融洽；研究性学习课程的开设让学生在探索中体会到人生的价值与意义，不仅能力得到提升，情感、态度和价值观都产生了质的飞跃；研究性学习课程的开设为学生提供了广阔的探索空间，极大地提高了学生的创新思维能力。学校课程意识的提高和学生素质的全面提升是我们最大的收获。

研究性学习课程引领创新教育持续发展的实践特色
——郑州市第十二中学做有未来的教育特色发展样态

在打造有未来的教育工作中，郑州市第十二中学积极探索创新教育、创客教育和STEAM教育的有效途径和操作模式。学校以研究性学习课程为依托，以创客工场为阵地，以项目研究为载体，积极探索、扎实推进，配备了师资、编写了教材、列入了课表、走进了课堂，形成了课堂教学、社团活动、项目研究、知识产权、专家指导多位一体的创新、创客教育培养模式，经过探索与实践，"工场+项目"推进创客教育的育人模式，特色凸显、亮点鲜明、成效显著。

一、研究性学习促进教与学实现了两个突破

学校坚持以能力培养和创新精神的培育为导向，按照普及性、发展性和特长性三级目标，阶梯式推进研究性学习，实现了两个突破。

一是突破传统教学模式。在教师引导下，使学生在教—学—研—评的一体化设计中得到发展和个性张扬，学生大胆质疑，思维开阔，教师改变教学方式，开放性、实践性、探究性教与学成为常态，研究性学习乐于被学生使用。

二是突破传统思维模式。在校内外专家团队引领下，学生发现问题、解决问题的能力得到长足发展。

二、研究性学习在培养学生创新精神方向的思路和定位

发展研究性学习学科特色的主要思路：

以学生综合素质的提高和创新素养的培育为中心，坚持"三提高、三培

养"的工作思路，即：提高学生发现问题的能力，培养学生的创新思维；提高学生解决问题的能力，培养学生创新品质；提高学生的动手实践能力，培养学生的创新能力和审美能力。以此为基础，逐步形成研究性学习和创新意识培养的育人特色。

研究性学习学科特色定位：

1.学生获得亲身参与研究探索的体验。

2.培养学生发现问题和解决问题的能力。

3.培养学生收集、分析和利用信息的能力。

4.学生学会分享与合作。

5.培养学生的科学态度和科学道德。

6.培养学生对社会的责任心和使命感。

三、研究性学习学科特色建设的实施策略与操作办法

（一）实施策略

以学科研究导师制为主要培养形式；以研究性学习、项目研究、知识产权为课程载体；以理论通识培训、学科教学、项目研究、评价跟进为培养链条；以灵活的课题来源为学生项目研究的切入点；以研修时间集中与分散相结合为主要方式；以参与表现和业绩水平评估为引导方式。

（二）采取的主要措施

1.开发校本教材。学校开发了《走进研究性学习》和《我与创新共成长》校本教材，作为学校开展研究性学习和创新教育的通识培训用书。

2.课程编入课表，设立研究性学习专职教师。专职教师负责课程教学、管理、评价和研究，在课程教学中以《研究性学习课程计划及研究进展手册》为"作业"，保证课程常态化开展。

3.以生为本，全员参与。在研究性学习的通识培训基础上，紧密结合学生

各门课程基础知识，达到人人是创客、人人有课题、人人有发展。

4.加强师资队伍建设，加大教育资源的支持力度。创建由校外专家与本校优秀教师组成的导师团队，共同承担课题研究或创意项目开发的指导工作。完善创新实验室并实现资源共享。

5.推进课程改革，以能力培养为导向开展课程建设。在落实国家课程方案的基础上，根据人才培养需要，系统开发有关能力培养的选修课程。

6.以潜力开发和能力发展为导向，加强课堂教学改革。深入推进课堂教学改革，坚持学思结合、知行统一、因材施教。开展探究式教学，引导学生主动参与、积极思考、大胆质疑。

7.以项目研究为载体，科技与艺术相结合，推进研究性学习和创新教育、创客教育再上新台阶。

8.开展研学旅行，培养学生的爱国情怀和社会责任感。

（三）具体操作办法

1.面向全体学生，以研究性学习、学科教学、社团课程为课程载体，按照三级培养目标，培养具有不同潜质的学生；根据学生的不同情况，以集中与分散相结合的方式，充分利用研究性学习的课时、周末和假期进行学习。

2.高一上学期，通过研究性学习课程和《我与创新共成长》的通识培训，使学生知道什么是研究，了解一定的研究方法，如何从所学知识中发现问题，如何将问题转化为课题。

高一下学期开始实施课题研究，完成分组、选课题、定课题、写开题报告、汇报、计划、搭建框架结构、检索、总结、完成报告、汇报展示、评价等一系列工作。

3.根据学生的兴趣爱好和特长，将一个班的学生组建成不同的项目研究组，分别从发明创意项目组、水科技发明创意项目组、OM活动发明创意项目组、DI活动发明创意项目组、太空城市设计发明创意项目组、3D打印、激光切割发明创意项目组、IC活动发明创意项目组、机器人创客研究组、数学探究项目组等10个项目中选择其中一个，作为自己的研究项目，3到5人自愿结合成组，在老师指导下，在不同的创客工场完成自己的研究项目。

4.高端研究性学习的学生由各个教学班推荐，年级筛选，实验室重点培养。

5.以学生参与研究性学习课程的表现和业绩水平作为评估标准，更多地关注学生参与项目研究的过程和体验，以学生参与项目的水平为参考，不强调学生取得什么科研成果，重要的是学以致用，注重能力培养。

6.组织科学报告会，帮助学生认识科学技术发展的现状，学习科学有效的研究方法。

7.积极开拓校外更广阔的实践基地，为学生参与实践活动创造有利条件。

8.以学校一年一度的科技节和每周一次的社团活动为平台，开展丰富多彩的创新竞赛和作品展示，营造良好的研究氛围。

9.设立智慧银行，将学生的创新设想转化为知识产权进行保护，并对项目新颖的学生进行表彰。

10.设计好研学旅行主题，开辟国际、国内两条研学旅行线路，编写研学旅行规划，在寒暑假适当时间组织学生开展活动。

四、优秀研究成果的评价与展示途径

1.利用理科节或科技节对学生的研究成果进行交流、表彰奖励

在一年一度的学校理科节上，有两项重要内容，一是展示并表彰优秀的研究成果，二是全体学生分组参与大型科技创新、创意项目。

2.研究成果在报纸、杂志发表

学生的优秀研究成果经过指导老师精心修改完善，由指导老师推荐，在有关报纸杂志进行发表，近年来《发明与创新》杂志、《大河报》《少年发明与创造》等报纸杂志都可以见到我校学生的研究成果。

3.申报知识产权

对于发明创新创意比较好的项目，我校专门成立知识产权申报项目组，

做好指导、交流、查新、申报等一系列工作。截至目前，我校申报研究专利25项，国家知识产权局一次批准了8项国家实用新型专利。

4.参加各级各类创新大赛

组织各项目组参加各级各类大赛是我校创新教育的一大出口。这些活动开阔了学生们的视野，激发了学生创新创造的欲望，调动了学生学习的积极性。

五、促进研究性学习发展的软硬件环境

（一）学科特色建设领导小组

组　长：孟天义

副组长：杨君　毛东旺

办公室：李九泉　张红勋

在领导小组带领下，配备专人负责学生研究性学习的教学、管理、评价和研究等各项工作，制订研究性学习三年发展规划，整合资源、建章立制。采用专兼职结合的培养方式，学科课程由校内教师完成，能力导向课程由校外专家和校内教师联合完成。

（二）打造创客工场，为学生提供动手实践的场所

创客项目课程化，创客课程项目化。学校整合校内多种资源，倾力打造了570多平方米的创客工场。它由五部分组成：信息发布与检索中心、项目研究与设计室、机器人工作室、数学探究实验室、制作空间。创客工场由专人负责，定期开课，成为学生创新创造的乐园。

第二篇

创新教育的理论与实践
CHUANGXIN JIAOYU DE LILUN YU SHIJIAN

以创客工场为基地，培育学生创新能力

为了培养学生发现问题、解决问题和动手实践能力，郑州十二中以创客工场为基地，以创新教育课程为平台，以项目研究为载体，开展创客教育的尝试与探索。

一、打造创客工场，促进创客教育可持续发展

1.创客工场的提出

近年来，国务院提出了"大众创业、万众创新"的国家发展战略，郑州市教育局出台了多样化、特色化办学的相关文件，提出了在中学进行创客教育试点的意见。郑州十二中紧跟时代步伐，在当前制订的行动计划和三年规划中，提出了"打造实获文化，培养弘毅之士"的发展方向和奋斗目标。在行动计划中，还明确提出了积极推进课堂教学改革，以项目研究为载体努力推进创客教育的美好愿景。

2.创客工场的组成

2016年4月25日，我校整合校内外多种教育资源，倾力打造创客工场，总面积达570多平方米。创客工场共由五部分组成，分别是信息发布与检索中心、项目研究与设计室、机器人工作室、数学探究实验室、制作空间。

3.创客工场的师资

目前创客工场有3名专职教师、20余名兼职教师和校外庞大的专家队伍,开展创客教育的课题研究、实践探索、课程推进、创客教育评价等一系列工作。

4.创客工场的功能

创客工场给学生提供了一个可以动手的空间,利用这个空间同学们可以把平时喜好的、感兴趣的或者想探索的东西在这里得到实践。

第二个方面是同学们可以合作完成一些项目,把他们在课堂上所不能解决的问题在这里得到解决。

第三个方面是同学们在这里可以展示自己的才能,有领导力的可以展示领导力,有创造力的可以展示自己的创意精神,如果在某一方面有天赋,也可以在这里得到施展。

5.创客工场的定位

在创客工场里,以项目研究为载体扎扎实实地开展创客教育与学科教学的融合,探索在高中阶段开展STEAM教育的规律,探索普通高中科技特长生的培养途径,形成特长生培养、项目研究、实践探索、成果交流四位一体的总体发展思路,最终实现学以致用,培育学生的创新核心素养。

二、学校开展创新教育的软硬件环境

(一)在学校的三年规划中明确提出了创新教育的愿景。

(二)每年的学校财政预算为教学工作提供了经费保障。

(三)将研究性学习和创新教育纳入了学校课程规划。

(四)加强了学校硬件建设。学校创新实验室、设计室、制作室和材料室一应俱全。

三、创客教育和学生研究项目的培养目标体系

以能力培养和创新精神的培育为导向，科学设置分层目标，按照普及性、发展性和特长性目标阶梯式推进。

（一）普及性培养目标

面向全体学生，通过研究性学习、通用技术以及知识产权课进行。

（二）发展性培养目标

对于在第一阶段目标达到比较好的，实施发展性跟进培养。

（三）特长性培养目标

对于具有创新潜质和兴趣浓厚的学生采取特长发展，重点培养。

三个目标的制定，使创新教育做到常态化、制度化、规范化。

四、构建了培养创新思维和学生创造力课程体系

（一）开发创新教育教材

学校开发了《我与创新共成长》《走进研究性学习》《研究进展指导手册》《知识产权问与答》等一系列校本教材，为学生开展创新教育活动提供智力支持，引领学生更好地开展研究。

（二）创新教育课程

1.研究性学习课

高一第一学期，通过研究性学习课程推进，使学生知道什么是研究，掌握

一定的研究方法。

高一下学期和高二年级两个学期实施课题研究，完成分组、定课题、开题报告、汇报、搭建框架结构、检索、总结、完成报告、汇报展示、评价等一系列工作。

2.《我与创新共成长》课

按照《我与创新共成长》教材的指引，分为创新教育在呼唤、创新理论基础、专利基本知识、名人名校的创新启示、同龄人走过的路、丰富多彩的创新竞赛、身边的奇思妙想等八个篇章。学生通过学习这一系列课程，创新意识基本形成，创新理念基本具备。

3.知识产权课

每学期穿插在研究性学习课程中，会安排一到两节知识产权课。在学生中普及知识产权知识，形成知识成果的法律保护意识。

4.社团活动课

社团活动课安排在每周二下午第四节，对具有良好创新潜质的同学进行重点培养。

五、培养动手实践能力和创造能力的活动体系

（一）学生的项目研究作为常规性活动，贯穿学生的学习过程

课题研究是培养学生创新意识和创新精神的重要途径，在课题研究中，学生发现问题、解决问题、动手实践、团队协作能力得到很好的体现。对于这项常规性的工作，学校采用课堂和业余相结合的方式进行，所有的学生都参加，每个课题完成时间大约是半年到一年。

每周安排一课时，主要用于交流和指导。课外，充分利用双休日或节假日时间，按研究计划开展活动。

（二）根据学生的爱好和兴趣构建研究项目组

以各级各类创新大赛为对象，自愿结合成组，自主确定研究项目，项目人选根据学校的分层目标，有些需要多次选拔，有些是面向全体学生。目前学校各种各样的项目研究小组有50多个。

以学生为主体，根据项目的需要，搭配不同的成员参与。比如：发明与知识产权项目组是由善于动脑、观察力敏锐、有获得国家知识产权理想的学生组成；中学生水科技项目组是由对环境、能源、工程感兴趣，而且有节约、环保的良好习惯的学生组成；头脑奥林匹克项目组（OM）和目的地创意思维项目组（DI）是由有设计、制作、艺术、英语、编剧等特长的5—7个学生组成。

六、创新教育工作取得一系列工作成果

（一）优秀学生创新教育成果的认证发布体系

1.利用理科节或科技节对学生的研究成果进行交流、表彰奖励

在一年一度的学校理科节上，有两项重要内容：一是表彰优秀的研究成果；二是全体学生分组参与大型科技创新、创意项目，比如去年我们组织了"百枚硬币压不倒""水上动力你我他"，大大激发了学生的创造欲望，把所学的物理、数学、化学等知识活学活用，收到了良好的效果。

2.研究成果在报纸、杂志发表

学生的优秀研究成果经过指导老师精心修改完善，由指导老师推荐，在有关报纸杂志进行发表，近年来《发明与创新》杂志、《大河报》、《少年发明与创造》等报纸杂志都可以见到我校学生的研究成果。

3.申报知识产权

对于发明创新创意比较好的项目，我校专门成立知识产权申报项目组，

做好指导、交流、查新、申报等一系列工作。截至目前，我校申报研究专利25项，国家知识产权局批准了8项国家实用新型专利。

4.参加各级各类创新大赛

组织各项目组参加各级各类大赛是我校创新教育的一大出口。这些活动开阔了同学们的视野，激发了学生创新创造的欲望，调动了学生学习的积极性。

（二）创新教育实践与探索申报了一系列国家、省、市课题

《高中生创新教育的探索与实践》被列入省级重点课题。

《以项目为载体推进创新教育的理论与实践》被列入《北京大学中国青年创新人才的培养与评价研究》子课题。

目前正在进行《以创客工场为基地，培育学生创新能力的核心素养的探索》的课题研究。

七、开展创客教育给学生带来的变化

（一）经过研究性学习，发明创意课、知识产权课的学习，学生发现问题的能力有显著的提高，创新意识明显增强。

（二）学生乐于接受新鲜事物，一有时间就到创客工场进行设计、制作自己的产品，理论与实践相结合，动手能力明显增强。

（三）学生合作和团队协作精神得到提高，遇到不懂的他们就相互探讨和协商，最终利用集体的力量来完成项目研究。

八、取得的成绩

2016年，学校为河南省知识产权试点学校、郑州市首届研究性学习先进学校、郑州市教育创新先进单位，经过市教育局批准，学校招收了第一批科技特长生。

2016年，在全国各级各类创新大赛中，有5人在美国哥伦比亚大学举办的

国际青少年创新设计大赛中获得二等奖；8项研究成果获得国家知识产权局颁发的专利证书，40多人在全国机器人大赛、亚太创新思维大赛、头脑奥林匹克大赛，全国校园发明创意大赛、创新设计大赛、斯德哥尔摩水科技奖中国选拔赛水科技奖，全国语言学竞赛中获得一、二等奖；8名学生的研究成果被河南省教育厅评为综合实践活动成果一等奖；在省青少年科技创新大赛、省中学生技术设计大赛、省中学生研究性学习评比展示中分别获得了特等奖、一等奖多次。

综合实践活动创客空间研究报告
——以郑州十二中创新教育"工场+项目"课程体系构建和创客空间的建设实践为例

郑州市第十二中学　孟天义（主持人）、张红勋、谢煜、陈立新、杨君、王飞

　　"综合实践活动创客空间研究"是河南省教育科学"十三五"规划2018年度教育装备和实践教育专项课题，课题于2018年8月立项，项目编号为：〔2018〕-JKGHZBSYZX-005。课题自立项以来至今，已经进行了两年的研究工作。经过探索与实践，课题中期产生了初期研究成果，之后通过课题研讨会，听取专家的意见和建议，经过反复修改和完善提高，最终形成了"综合实践活动创客空间研究"课题研究报告。

　　报告分八部分，分别是：一、课题概述；二、课题研究内容与成果；三、学校在运用综合实践活动创客空间存在的问题；四、综合实践活动创客空间的显著特征；五、综合实践活动创客空间的设计方案和实施策略；六、本研究的创新点；七、实施综合实践活动创客空间取得的效果；八、研究反思。

一、课题概述

（一）课题研究的背景

　　近年来，随着科技和经济的不断发展，"应用型"人才已经成为社会紧缺人才，世界各国都在考虑一个非常重要的问题，即21世纪应该怎样才能培养出"能干活"的人。随着教学改革的推进，一类基于学生的自主探索和研究，面

向学生生活世界和社会现实，以培养学生创新精神、科学精神和实践能力为基本价值追求的新型课程教学范式在中小学课程教学改革领域异军突起，引起广泛关注并越来越得到社会的普遍认同。社会的需求、学校的重视、学生发展的趋势使综合实践活动课程成为21世纪教学改革的"新宠"，然而在"新"的背后还隐藏着诸多不成熟，这也是当前对其踊跃研究的原因之一。

实施创新创业教育是中国教育改革的发展趋势，是顺应时代经济发展而培养高等人才的重要举措。对此，有很多学校都在积极探索创新人才的培养模式，而实验室建设是必不可少的支持，创新实验室、开放式实验室、IT创客中心、大师工作室等相继建成。本课题针对当前在运用综合实践活动创客空间存在的问题，探讨创客空间的建设措施和实施策略，期望对中小学校创新人才培养提供建设性意见。

为充分发挥教育创客在我国教育改革中的重要作用，进一步推动我国的教育改革和创新，郑州十二中于2015年4月25日成立了河南省第一家"综合实践活动创客空间"，以创客空间为基地，围绕"三提高、三培养"学生创新能力为方向，开展理论研究、方案策划、课程开发和教师培训等工作。综合实践活动创客空间的服务对象是具有一定的创新潜质和创新素养的学生，并以点带面引导普通学生对创新教育产生浓厚的兴趣，并积极参加到各级各类创客空间的创客实践和创客项目的研究中。综合实践活动创客空间的职能包括开发教育创客云平台、研究教育创客空间建设方案、开发教育创客课程资源、搭建教育创客成果孵化平台等。

（二）课题研究的目的和意义

学生开展综合实践活动需要有一定的活动场所，学校要为综合实践活动的实施提供配套硬件资源与耗材，并积极争取校外活动场所支持，建立课程资源的协调与共享机制，充分发挥实验室、专用教室及各类教学设施在综合实践活动课程实施过程中的作用，提高使用效益，避免资源闲置与浪费。学校如何利用校内外各种资源，建设学生专用活动室或实践基地——综合实践活动创客空间，是每个学校在开展综合实践活动过程中都必须要面对的一项重要工作。如何充分利用学校现有资源优势，加快构建一批学生的创客空间，为学生综合实践活动搭建新平台是一个值得探讨的问题。显然，本课题的研究为培养工程创新人才提供新途径，对于培养中学生的工程素养、实践动手能力以及创新能力方面具有重要意义。

（三）国内外研究现状述评

1.国外研究综述

西方综合实践活动课程的研究可以追溯到20世纪实用主义教育学派杜威的"活动课程"，杜威在其实用主义认识论的"连续性"原则中指出，实用主义认识论的本质特征是"坚持认识和有目的地改变活动之间的联系性"。杜威实用主义认识论所追求是一种"实践理论"，也可称为"实践兴趣"。杜威提出活动实践影响较大，教育领域中的实践活动日益凸显。21世纪以来，综合实践活动课程再一次掀起浪潮，美国、英国、法国、德国、日本等都各自依据本国的教育实际开设了相应的活动课程，各国都比较重视以综合实践活动来提高本国学生的综合素质和实践能力来满足人的发展需求和社会需求，改变他们单一的学习方式，使学习和社会生活联系起来，最大限度地做到学以致用，注重学生的合作性、参与性、自主性、探究性、创新性等，这为我国实施综合实践活动课程提供了有益的参考。

2.国内研究综述

我国古代就有"士虽有学，而行为本焉""学至于行之而止矣"和"见理于事，因行得知"等思想，其"行"即指"实践"。可见我国古代师者在"传道授业解惑"之余也注重"行"的实施。近代教育家陶行知先生主张的"生活教育理论"也是我国综合实践活动课程的理论基础。到目前为止，我国对综合实践活动课程的研究成果比较丰富。自教育部颁发《基础教育课程改革纲要》（试行），明确规定综合实践活动课程被定为必修课后，专家学者便从不同的维度和视角对综合实践活动进行了深入研究，主要是对内涵、价值、目标、条件、影响因素、策略和评价几个方面进行探讨。其中张华的《综合实践活动课程：理念与框架》、赵书超的《综合实践活动课程：理念与价值》、钟启泉的《综合实践活动课程：实质、潜力与问题》、安桂清等的《专家解读：综合实践活动课程的实施建议》都对综合实践活动课程进行了多视角的研究。在中国知网上检索，发现自2009年初到现在这十年综合实践活动课程的相关论文5890篇，从2017年至今综合实践活动课程的研究达到高峰，2018年发表的论文最多，为662篇，2019年接近年末时已经发表了565篇，超过了2017年的发表量，这些研究为推动综合实践活动课程的发展提供了重要的理论支撑。

综合实践活动作为培养学生创新精神和动手能力的课程，已经在很多学校常态化开展，随着智慧校园建设的快速发展，建设与综合实践活动课程相适应的创客空间显得日益重要。

创客空间作为学生开展创新实践活动的重要场所，在培养学生创新精神和实践能力上有很重要的作用。目前很多学校没有创客空间，即使有创客空间但使用效率不高，没有发挥真正的作用，需要进行探索和实践。

北京中教启星教育科技股份有限公司于2015年成立了"教育创客研究院"，围绕教育创客能力建设开展理论研究、方案策划、课程开发和教师培训等工作。教育创客研究院的服务对象既包括各级全日制学校，如中小学、高职、大学等，也包括各类校外教育机构，如青少年活动中心、少年宫、综合实践基地、科技馆、社会培训机构等。教育创客研究院的职能包括开发教育创客云平台、研究教育创客空间建设方案、开发教育创客课程资源、搭建教育创客成果孵化平台等。

为进一步推进研究性学习学科特色建设，积极开展特色化多样化的教学探索。综合实践活动创客空间课题，依托学校综合实践活动课程开展的理论与实践，结合近年来开展的以项目研究为载体推进创客教育的具体做法，探索综合实践活动创客空间建设的可行性、实用性、整合性和共享性，研究综合实践活动创客空间的设计方案、实施策略、建设方法、配套设施和综合使用的对策与建议。

（四）课题的研究目标、思路与方法

1.研究目标

创新人才的培养需要创新教育。综合实践活动是开展创新教育的有效途径，在综合实践活动中，建设学生开展综合实践活动的创客空间非常重要。近年来，郑州十二中在创客空间建设上，打造了全国首家学校创客工场，在综合实践活动创客空间建设方面做出了积极探索，形成了学校校园环境建设的特色之一。申请课题《综合实践活动创客空间研究》的目标在于：

（1）查找目前综合实践活动场所的现状，找到如何科学地建设综合实践活动创客空间的方案。

（2）打造与综合实践活动创客空间相适应的课程体系，最大限度地发挥创客空间的作用。

（3）总结学校在运用创客空间开展综合实践活动课程取得的成果，丰富学校的课程资源，为中学运用创客空间开展综合实践活动提供可资借鉴的理论支持和实践经验。

在建设和使用综合实践活动创客空间过程中，需要提供哪些硬件资源？配备什么样的活动场所？如何建立与综合实践活动课相适应的创客空间？制约创客空间使用的瓶颈如何突破？这些都是摆在学校面前的重要任务。本课题通过研究在综合实践活动课程中如何高效使用创客空间，发挥教育装备的最大作用，为其他学校运用综合实践活动创客空间开展创新教育工作提供一定的借鉴和启示。

2.研究思路

本课题主要基于学校对创新人才培养的探索研究，以创客工场、创新工作室、通用技术教师、综合活动室为阵地，在了解国内外中学创新人才培养现状与发展情况的基础上，选定运用创客空间开展综合实践活动典型案例进行研究，针对我校开展的"工场+项目"综合实践活动创客空间建设的实践，以跟踪方式搜集资料，进行经验总结，依据课题研究所提供的经验事实，分析概括出综合实践活动创客空间的建设的现状以及存在的问题等。

3.研究方法

采取的方法是实验研究、行动研究、个案研究和适当的文献研究。根据学校前期对中学开展创新教育的理论认知，设计相关的培养方案，在实践中不断探索，经过一两年的总结和科学分析，系统总结建设综合实践活动创客空间可行性思路和方法。

二、课题研究内容及成果

（一）核心概念的界定

本课题依托学校综合实践活动课程开展的理论与实践，结合近年来开展的以项目研究为载体推进创客教育的具体做法，探索综合实践活动创客空间建设的可行性、实用性、整合性和共享性，研究综合实践活动创客空间的设计方案、实施策略、建设方法、配套设施和综合使用的对策与建议。

（二）研究内容

1.综合实践活动课程设置情况

2017年9月，教育部发布的《中小学综合实践活动课程指导纲要》（以下简称《指导纲要》）指出："综合实践活动是从学生的真实生活和发展需要出发，从生活情境中发现问题，转化为活动主题，通过探究、服务、制作、体验等方式，培养学生综合素质的跨学科实践性课程。"《指导纲要》强调学生综合运用知识发现、分析和解决问题，着力发展学生核心素养，特别是创新精神和实践能力。创客教育是一种融合信息技术、秉承"开放创新、探究体验"教育理念，以"在创造中学习"为主要学习方式和以培养各类创新型人才为目的的新型教育模式。对于创客教育而言，其本质上是一种经验课程，应当主要以综合实践活动的形式开展，不难发现，《指导纲要》的要求与当前迅速发展的创客教育在特质、目标和作用等方面不谋而合。伴随着创客教育在学校的发展与综合实践活动的不断深入推进，在创客教育的视域下开展综合实践活动，将具有独特的创新性和适用性。

实践探究是综合实践研究过程的本质特征，在小综合实践课堂中，教师是学生学习综合实践的支持者和引导者，引导学生主动探究，亲历综合实践的过程，这将有利于保护学生的好奇心和激发学生学习综合实践的主动性。网络技术的不断发展，丰富的素材、多样的实践案例以及创客式信息技术的运用，让教学设计目标更清晰：开阔学生的视野、增强学生的动手实践能力，提高学生的科学素养。例如，在开展"学制丝网花"课堂教学时，要求学生创作出形式多样的丝网花作品，必须激发学生的主观能动性，主动探索、举一反三。因此笔者在教学设计中将创作出贴近生活与自然的花卉艺术造型和表达个性张扬力作为本课教学重难点，设计步骤为：首先让学生通过网络认识花卉的造型和丝网花的制作方法；第二步让学生根据教师提供的丝网花的半成品、成品，以小组的形式讨论制作一朵丝网花需要哪些步骤，并写在探究单中；第三步让学生认识制作丝网花的各种工具，并对其作用互相交换看法；第四步让学生通过前面的观察，试着比赛绕铁圈，并分享做法；第五步对设计的铁圈套上丝网，小组合作，将每个学生制作的丝网花整合成一束花，并放到讲台展示；最后进行同学评价，总结方法。创客教育与课堂设计的深入融合，增强了学生运用知识的能力。学生在活动中兴趣盎然，对丝网花的制作认识体验不断加深，创造性的火花不断进发。这样的课程使学生不断成长，越来越自信。

生活世界是人类一切活动甚至是哲学研究的基础，自然也是教育活动的基础。所以，教育抛开生活世界，简单遁入纯粹的科学世界，绝不可能获得成功。关于这一点，美国著名教育家杜威也曾经多次强调："我认为学校必须呈现现在的生活——即对于儿童说来是真实而生气勃勃的生活。""教育是生活的过程，而不是将来生活的预备。"儿童在真实的生活中活动，在持续的活动中生长。"哪里有生活，哪里就已经有热切的和激动的活动。生长并不是从外面加到活动的东西，而是活动自己做的东西。"卢梭的观点更加激进："早期的教育应当是纯粹的、消极的。它不在于向学生灌注美德与真理，而在于防止他们沾染罪恶，防止他们的思想产生谬误。"在他看来，纯粹的教育是消极的，是基于儿童本性、禀赋、能力的自由发展，而非外部道德与知识的灌输。综合实践活动课程正是基于儿童生长所必要的"土壤"——儿童生活来设计的。回归儿童生活，不仅是教育何以可能的关键，同时是儿童真正"进入"学科课程的"门径"，而且还是综合实践活动课程设置的逻辑原点。因此，回归生活世界是一切教育活动得以成功的基础。只有回归生活世界，儿童才能将自己的经验与教学内容联系起来，这是他们了解世界，尤其是科学世界的先决条件。因此，教育部颁布的《综合实践活动指导纲要》指出："综合实践活动的开发与实施要克服当前基础教育课程脱离学生自身生活和社会生活的倾向，面向学生完整的生活领域。"只有牢牢抓住生活世界，才能设计和开发出真正的综合实践活动课程。否则，脱离生活世界、远离学生亲身生活和社会生活，虽名为实践，实则并非学生的实践，学生的实践一定是基于学生生活经验的，或许只能称为教师的实践。这类所谓实践活动充其量只不过是貌合神离的"外部灌输"而已，早已抽离了综合实践活动课程的本义。因它既是学生陌生的，又是学生无兴趣的，很难真正引发学生的实践活动并达成该类课程所承担的多重任务——"推进学生对自然、社会和自我之内在联系的整体认识与体验，发展学生的创新能力、实践能力以及良好的个性品质。"

在创新教育课程体系构建中，参照创客工场的功能定位，按照创新课程项目化、创新项目课程化的思路构建立体多样的创新教育课程体系。创新课程项目化，就是将创新教育课程以项目研究为载体扎实推进，让学生在项目研究中学习，每次都有事可做，做过就有成就感。创新教育项目课程化，就是将创新项目形成体系固定下来，列入课表，配备师资，有序推进教、学、评三位一体。

（1）学科融合类创新教育课程项目。该类课程以学以致用为导向，发展学生的学科知识，提高发现问题、提出问题的能力，课程开设有研究性学习、通用技术拓展、数学探究、物理探究四个课程融合研究项目。研究性学习重视基础性培养，重在培养学生发现问题的能力，其他三个项目重在培养学生结合所学课程，培养动手实践能力，在做中学，在学中做。

（2）发明创造类创新教育课程项目。发明创造课程以奇思妙想，探究科学、发明创意、动手制作为主题。课程开设有机器人与人工智能课程、创新教育、发明创意、知识产权申报、水科技奖、3D打印、激光切割研究项目。该类课程作为STEAM教育推进创客项目的有效形式开展。

（3）科技与艺术结合类创新教育项目。科技与艺术相结合推进创客教育项目，重在体现科技的光彩和艺术的魅力，将两者巧妙结合推进创客教育，既能培养学生的动手实践能力，又能提高学生的艺术品位。课程开设有OM（头脑奥林匹克）、DI（目的地想象力）、IC（创新设计大赛）、太空城市设计四个项目。

（4）逻辑推理类创新教育项目。如果说造物是创客的主阵地的话，作为创造力培养的补充和完善，逻辑推理能力也是学生发现问题和创造能力的表现。为了培养学生良好的思维链条，为创客课程提供智力支持，学校开设了语言学项目研究。

2. "工场+项目" 推进创新教育课程建设的操作方式

（1）开发校本教材

学校自主开发了《走进研究性学习》和《我与创新共成长》两本教材，作为培育学生创新意识的教材，进行研究性学习和创新教育的通识培训教材。

（2）以能力培养和创新精神的培育为导向，按照普及性、发展性和特长性目标阶梯式推进

①普及性培养目标

面向全体学生，通过研究性学习、通用技术课堂以及知识产权课程进行。

②发展性培养目标

对于在第一阶段目标达到比较好的，实施发展性跟进培养。

③特长性培养目标

对于具有创新潜质和兴趣浓厚的采取特长发展，重点培养。

三个目标的制定，使创新教育做到常态化、制度化、规范化。

（3）课程排入课表，设立研究性学习和创新教育专职教师

专职教师负责课程教学、管理、评价和研究，学校将创客教育作为特色项目列入学校三年发展规划。在课程教学中以《研究性学习课程计划及研究进展手册》为"作业"，保证创客课程常态化开展。

（4）教学组织形式：以生为本，全员参与

高一年级上学期，开设研究性学习课程。学生学习项目研究的基本方法、研究步骤以及如何选择研究项目等基本理论。在研究性学习的通识培训基础上，紧密结合学生各门课程基础知识，达到人人是创客，人人有课题，人人有发展。

高一年级下学期开始，根据学生的兴趣爱好和特长，将一个班的学生组建不同的项目研究组，分别从发明创意项目组、水科技发明创意项目组、OM活动发明创意项目组、DI活动发明创意项目组、太空城市设计发明创意项目组、3D打印、激光切割发明创意项目组、IC活动发明创意项目组、机器人创客研究组、数学探究项目组等10个项目中选择其中一个，作为自己的研究项目，3到5人自愿结合成组，在老师指导下，在不同的创客工场完成自己的研究项目。

3.以发明创意项目组课程计划为例的创新教育课程推进计划

（1）项目目的：通过创新教育，知识产权教育，启迪思维，学以致用，创造性地解决问题，培养学生实践能力。

（2）人员组成：对发明创意有兴趣的学生，经过选拔方能参加。

（3）授课教师：张红勋。

（4）课程推进流程：

第一节　讲座。

第二节　"我与创新共成长"课程，观看中央电视台的《奇思妙想》《芝麻开门》《走近科学》等节目视频，启发同学们的创新思路。

第三节　科学讨论会，确定研究课题，制订研究计划。

第四节　初步设计活动。

第五节　制作活动课。

第六节　阅读杂志课《发明与创新》《少年发明与创造》《中学生科技》。

第七节　研究制作活动。

第八节　电脑检索课汇报。

第九节　每人书写本学期参与创新活动体会。

第十节　创新论坛演讲。

第十一节　研究成果评比展示，申请专利，参与赛事等。

4.学校综合实践活动创客空间建设情况

"工场+项目"推进创新教育课程建设的实践与探索是在遵循建构主义的学习理论、多元智能理论的基础上开展的。学生知识的获得是多途径的、全方位的，学生的兴趣和爱好也是各有千秋、特点不一的。在实践中，我们根据学生的爱好和特长组成不同的项目研究组，满足了学生的个性发展心理需求，可以多方面激发学生的求知欲和探索欲。学生只有选择了一定的研究项目，创新教育实践才能成为现实，仅有研究项目，学生没有实践的场所，只是一味地探讨和认知，创新教育与普通的课堂教学就没有了区别。经过学校的长期研究和实践发现，要开展创新教育，学生研究活动必须有特定的动手能力和实践操作研究场所和制作空间，创客工场也就自然而然地提上日程。多年的实践证明，学生有感兴趣的项目研究，又有研究的空间和场所，这是创新教育和普通课程教育最关键的区别。

三、学校在运用综合实践活动创客空间方面存在的问题

综合实践活动课程是课程改革的亮点，是教育改革、社会发展的必然趋势，对教学范式、学习方法、教学科研等都具有深远的影响。但在实施过程中，由于教学情境和学情的不同，综合实践活动课程的实施效果也会有所差别，在实施综合实践活动课程时也会遇到各种问题。分析课程实施现状，调查综合实践活动课程的实施所存在的问题，才可能进一步推进其有效实施。陈文心在其《综合实践活动课程的规范化与常态化实施》一文中将综合实践活动课

程在实践中所出现的问题总结为"三易三缺"，阐述综合实践活动课程的实施容易成为"花瓶"，容易成为一种活动而非课程、容易脱离社会；缺课程资源、缺专业教师、缺借鉴经验；丁静在其《综合实践活动课程师资问题研究》一文中深入剖析了综合实践活动课程中教师的来源和教师的素质，认为师资来源和素质都不达标；黄雪然在其《综合实践活动理论与实践中的几个问题》一文中阐述了课程目标、课程形态和评价所存在的问题。总的来说，综合实践活动课程在实施过程中以下三点问题比较突出。

（一）流于形式，缺乏"常态化"

综合实践活动课程实施以来已经积累了大量的经验，一些示范性课程材料、公开课等纷纷登场，精彩的课程活动彰显课程实施的成功，但这只是公开的课程材料，教师"常态化"的综合实践活动课程教学却未必能达到预期的活动效果。究竟什么是课程的"常态化"？陈树杰用32个字精准概括："课程必修，普遍实施；教师能教，便于操作；学生爱学，积极投入；效果实在，确有收获。"综合实践活动课程不应该作为"花瓶"点缀学校或者教师在课程实施方面的总体水平和完整的实施状态，而是要切实运用到教学环境中，有明确的活动目标、课程活动步骤以及评价标准，能够真正提高学生的实践能力、动手操作能力、创新能力和发展学生的发散思维，提高学生的综合素质，使综合实践活动课程实施得有价值、有意义。

（二）基于活动，缺乏"结构化"

综合实践活动课程在实施以来颠覆了教师传统的教学习惯，部分教师在实施过程中认为活动就是综合实践活动课程，然而综合实践活动课程中的学生应该是"研究者"，而不是单纯的活动者。学生要通过探索发现问题、分析问题并最终解决问题，学生要运用自主探究、合作学习等多种方式进行。这与陈文心在其《综合实践活动课程的规范化与常态化实施》一文中提出的"三易"中的"易使课程成为一种活动"相吻合。

（三）割裂学科，缺乏"整合化"

综合实践活动课程不同于学科课程但却与学科课程相互联系、相辅相成。随着综合实践活动课程的发展和推进，传统观念与新课程改革理念相互碰撞，使得教师不得不转变重点，将关注方向从理念转向实践，确保教学目标、教学内容不会出现偏差，在内容设置时要与其他学科联系起来。正如多尔（William Doll Jr.）在文章《后现代课程观》中所强调的：课程不只是某个学科特定知识的载体，同时也是师生共同探索知识的过程；课程发展过程也不再是按部就班、一成不变的，而是一个灵活的、开放的认知背景和知识储备基础上进行的"深度探究"，所以有些教师直接告别固有知识结构走向活动之路，在没有固定模式的情况下将活动设计得"丰富多彩、天花乱坠"，使综合实践活动变成了学生的"游戏"，缺乏对学科知识的统合，学生在活动之余也没有对活动成果进行深入探究，对活动中所习得的知识和操作也没有进行重组和建构，导致综合实践活动课程与学科课程割裂，减弱了综合实践活动课程的价值。

综上三点问题，归根结底是教师实施过程中存在的问题，所以教师在实施综合实践活动课程时应注意课程的结构和特点，虽然课程具有开放性、自主探究性，但也同时具备综合性、整体性和过程性，教师应预先设定好课程实施的框架，确定好自己的角色，确保课程在实施过程中不会偏离方向。综合实践活动课程更加体现了"教学有法，而无定法"的特点。

四、综合实践活动创客空间的显著特征

所谓创客教育，主要就是以创客空间为依托，以创业课程为载体，融合基础科学、专业知识、艺术素养等学科知识，以激发学生创新精神和创造力为目标的创业教育模式。可见，创客教育是一种面向众创时代和适用创客空间的教育新方式，也是高校开展大学生创业教育的新模式。正如美国发布的高等教育地平线报告中指出的那样，创客教育给高等教育带来深刻变革，更将成为推动高校创新教育发展的重要驱动力。

学界对创客教育的剖析，一般分为两个角度：一种从人才培养角度，是指培养创客人才的"创客的教育";另一种从教育方式角度,是指用创客的理念与方式去改造教育的"创客式教育"。而无论从哪个角度,创客教育作为一种教育新模式,与以往的大学生创业教育模式相比,具有以下四个显著的特征。

1.相对独立性

一般而言,创客空间是融合多种专业知识领域的创意集合体。它不同于专属某一专业或者某一行业的传统实验室,也不隶属于某一个专业或者学院。因此,高校创客空间一般设置于学校图书馆、创客梦工厂或学生科技创新活动中心等便于学生聚集的公共场所。在管理体制上,一般都独立于学院管理之外,而由学校教务部门或科研部门负责指导管理。

2.开放共享性

创客空间的"低门槛特性"决定了它是一个面向全校师生开放的大众创新平台,不管你来自什么学院,拥有什么样的专业背景,只要带有创意梦想,有着创业意愿,就可以参与其中。而创客空间的魅力还在于其特有的共享性,为创客们提供了一个思维碰撞和主题开放的交流空间,大家分享各自创意,借鉴各方建议,借助团队力量,这些都明显体现了创客空间的开放共享性。

3.交流融合性

由于创客空间的开放性和共享性,无形中为创客空间搭建了一个人与人之间的平等合作关系网,在这里,大学生创客之间不存在领导与被领导、管理和被管理的阶层附属关系,可以平等、融洽地进行思想交流、头脑风暴和知识碰撞。更重要的是,不同学科专业背景的相互融合和互鉴互补,为将创意走向现实提供了人才和知识支撑,从而达到修正创意、完善文本、分工合作、付诸实践的目的。

4.自由探索性

创客空间的无主题性,在于它从来不预先设置学科标准,不固化学习任务,也不限定团队成员。因此,创客空间倡导的是以学生为中心,以兴趣为驱动力，以创意为团队，鼓励大学生创客有完全自由的空间、想象和创造。正如美国首个创客空间的联合创始人Mitch Altman所言，创客空间能够为每个参与者提供自由交流思想、一起探索未知的环境。

五、综合实践活动创客空间的设计方案和实施框架

对综合实践活动课程在实践中存在的问题的透视，是为确保综合实践活动课程能够有效地实施，避免课程性质和地位之式微。教师应确定对策，妥为因应，制定适时有效的课程结构和实施框架。

（一）综合实践活动课程结构设计原型

教育部在2017年9月印发的新版《中小学综合实践课程指导纲要》中明确提出："综合实践活动是国家义务教育和普通高中课程方案规定的必修课程，与学科课程并列设置，是基础教育课程体系的重要组成部分。该课程由地方统筹管理和指导，具体内容以学校开发为主，自小学一年级至高中三年级全面实施。"为使综合实践活动课程能健康有效地发展，就必须制定合理的课程结构和实施框架，使课程具有实践意义。基于实践，结合"螺旋式课程"组织形式和泰勒创立的"逐步深入课程"，我们制定了综合实践活动课程结构设计原型。螺旋式课程组织的优点是能够将学科逻辑与学生的心理逻辑较好地结合起来，在这里是将学科知识转换成综合实践活动，将活动置于课程的中心地位，随着活动的不断深入，使知识结构不断拓展与加深。这样，活动结构在课程中呈螺旋式上升的态势。综合实践活动课程的设置依据螺旋式课程的特点制定了了五个层次：热身活动—基础活动—自主实践活动—开放的自我探究—活动生活，螺旋式课程组织与"逐步深入课程"组织都是对知识不断深入，使学生获得深刻的经验。其中，教师可以是监督者，也可以是指导者，以及学生的伙伴。总体框架是教师指导，教师与学生共同探究。将此框架分为三个维度：一个是教师指导维度，即教师发起任务，学生活动，教师指导、监督并评价；一个是活动层次维度，即以学生为主体，其中学生活动要具有一定的分工和规

则，即使活动具有开放性，但还是要依据某些规则来执行，在活动过程还要考虑工具的运用；再一个是活动探究导向维度，即学生在活动中不仅要注重个人的综合素质发展，还要考虑学生合作学习的发展，所以活动过程可以进行小组探究，以分工合作的形式进行。

（二）综合实践活动课程实践框架

依据教学情境和课程设置的特点，综合实践活动课程的实践框架被分为四个阶段：课堂情境考查与原型定制阶段、实践活动课程干预设计阶段、反思与评价阶段、持续革新阶段。

1.课堂情境考查与原型定制阶段

课堂情境考查与原型定制阶段是课程在实施之前对教学环境、学情、教学内容、教学方法及当地的社会需求等进行的考查，根据实际环境制定实践问题和需要，依据理论驱动对综合实践活动课程的原型进行描述。

2.实践活动课程干预设计阶段

课程实施的过程即学生实践的过程，可分为四个层次：实践准备—实践内容—教师角色—实践评价。实践准备时要根据教学目标和学情制定活动内容，将活动所需要的工具、规则等提前制定好，使活动有序进行；教师要调整好自身的角色，此时教师的作用已不再是"主导作用"，而是在尊重学生主体性的前提下的组织、引导、促进的作用，以"咨询者"（Counselor）、"促进者"（Facilitator）、"监督者"（Monitor）和"伙伴"（Partner）的形式给学生提供一个良好的活动氛围；活动结束后，教师可以根据学生的活动成果进行评价，学生之间也可以进行活动总结和评价，使学生的知识进一步巩固。

3.反思与评价阶段

这个阶段是针对教师和研究者，教师亦可充当研究者，课程在实施结束后教师应该进行反思及评价，针对课程实施后学生的成果和课程实施过程中出现

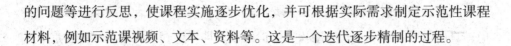

的问题等进行反思,使课程实施逐步优化,并可根据实际需求制定示范性课程材料,例如示范课视频、文本、资料等。这是一个迭代逐步精制的过程。

4.持续革新阶段

课程作为一个专门的研究领域,已经走过了80年的历程,从"课程开发"研究逐步向"课程理解与开发"研究迈进。其中"学校材料"是"课程理解与开发"研究的重要组成部分,持续革新阶段可为"课程理解与开发"研究提供丰富的"学校材料",同时也为"校本课程开发"提供丰富的材料。

六、本研究的创新点

1.在实践方面,通过系统梳理和研究国内外运用创客空间开展综合实践活动的情况,厘清综合实践活动创客空间的建设思路和脉络。

2.在理论层面,对综合实践活动创客空间建设的理论进行拓展和深化,为运用技术装备开发相应课程和实践活动提供理论基础。

七、研究反思

普通高中"工场+项目"的创新教育模式在郑州十二中探索和实施以来,对推动创新教育课程的发展起到了非常大的作用且取得成果丰硕,但我们发现其中还有诸多不足之处值得我们反思。

1.创客空间场地不足,没有合适的教材,课程系统性不强,课时设置少,活动队伍不稳定。机器人教育还没纳入正常的课堂教学,只能通过社团课形式开展,社团课每周仅为一节,而且随意性很大,一旦有考试、集会等学生大型活动,社团课往往会被占用,因此活动时间没有保障。

2.在建设创客空间方面,内引外联工作需要加强,下一步,我们将聘请高校或科研院所优秀人员到校兼职,指导我校创客教育工作。

3.如何开发适合学校校情的创新课程已成当务之急。目前这项工作正在有序进行。

4.综合实践活动如何向多学科渗透，真正做到"以生为本"，充分利用创客空间，开展学以致用的引导与研究，这个难题仍待破解。

5.科技特长生的培养如何与综合实践活动创客空间的使用有机结合起来，仍需研究和探索。

参考文献

［1］教育部.国家中长期教育改革和发展规划纲要（2010—2020年）［M］.北京：北京人民出版社.2010.

［2］教育部.综合实践活动纲要（2017年版本）.

［3］教育部.综合实践活动研究与培训资源库［M］.天津：天津教育出版社.2010.

综合实践活动评价策略研究

——基于郑州市第十二中学的个案研究

自综合实践活动进入学校课程领域以来，综合实践活动的课程建设经历了从课程内容开发研究到有效实施策略探讨，以及对综合实践活动方法论教学研究等艰辛的历程。从起步阶段的国家实验区试行到目前在学校广泛实施，综合实践活动课程走向常态实施和有效实施，成为全国广大综合实践活动课程建设者们关注的焦点问题。其课程评价对当前科学高效地实施综合实践活动课程，实现《综合实践活动课程指导纲要》（试行）规定的课程总目标，是一个重要而艰巨的系统性研究工程。科学、合理、及时的评价一直是综合实践活动的关键所在，对综合实践活动的推进和深化起着导向和激励的作用。

郑州十二中按照坚持发展性、坚持整体观、坚持评价多元性、坚持动态的过程性评价的理念，按照问题提出能力、课题活动主题计划能力、问题解决能力、情报或信息收集与处理能力、主体性参与程度、表现能力以及其他基本学力为重要参考指标，积极探索发展性评价在提升学生的情感、意志、兴趣、习惯以及价值观等方面的有效途径。

一、问题的提出

科学、合理、及时的评价一直是综合实践活动的关键所在，对综合实践活动的推进和深化起着导向和激励的作用。

综合实践活动课程要走向常态实施和可持续发展，学校就必须采取切实可行的措施，对课程实施过程进行全方位的评价，但目前很多学校没有建立科学有效的评价体系，主要体现在以下几个方面：

1.综合实践活动与学生个性发展分离问题。综合实践活动课程设置的目的之一就是要满足不同学生的个性发展需要，但长期以来，它被很多学校当成了统一面向全体学生的一门"学科"，导致与学生个性发展相分离。

2.评价内容片面失范问题。综合实践活动究竟要评价什么？长期没有答案，导致评价或随意或片面，有失规范。

3.缺乏操作要领问题。这是实践上一直以来的困惑和呼声。

二、解决问题的过程与方法

十年来，作为河南省新课改样本校的郑州市第十二中学，将综合实践活动课程规范化开展，在实践中不断地探索，目前已经初步构建了具有一定操作性的综合实践活动评价体系。

1.初期探索阶段

通过政策分析、理论研究与现状调查，理清综合实践活动课程的价值，明确评价的意义。2008年9月开始，为确保综合实践活动课程的开展，分析了国家课程政策，从理论上研究了综合实践活动课程的内涵与价值，并随课改进程把握进展状态，探索建立其评价方法。

2.评价体系构建阶段

通过行动研究，基于评价理论，探索构建评价体系。自2011年1月到2013年12月，细化了评价目标，评价内容，研制了评价量表，重点研究综合实践活动的评价方式，引入分层评价和交流、评价主体及采用的方式，探索教师个体评价、教师小组评价、校外专家评价和学生之间评价。

3.实践应用与完善阶段

以评价为引领，通过操作手段，促进学生综合素质的提高。

2012年1月到2013年12月，2014年1月到2015年1月，研究学生成长记录册及教师评语评价在综合实践活动中的实施。

2015年1月至今，将研究成果进一步检验，积极开发网络评价平台，发挥网络平台在评价中的优势和作用。

三、综合实践活动评价理念

评价是课程、教学的一个有机环节，是保证综合实践活动顺利开展的重要手段。要提升综合实践活动课程的有效实施水平，构建学生、教师、学校的评价机制至关重要。

自2008年秋季推行新课改以来，郑州市第十二中学认真领会和贯彻《国家基础教育课程改革纲要》有关评价方面的精神，按照问题提出能力、课题活动主题计划能力、问题解决能力、情报或信息收集与处理能力、主体性参与程度、表现能力以及其他基本学力为重要参考指标，积极探索发展性评价在提升学生的情感、意志、兴趣、习惯以及价值观等方面的有效途径。

（一）坚持发展性

一般不通过量化手段对学生进行分等划类的评价方式，主张采用"自我参照"标准，引导学生对自己在综合实践活动中的各种表现进行"自我反思性评价"，强调师生之间、学生同伴之间对彼此的个性化的表现进行评定和鉴赏。经过三年多的探索，我们得出了课程评价是为学生的发展服务的，而不是相反的结论，并且在综合实践活动的评价环节中推广。

（二）坚持整体观

在综合实践活动评价中把课程、教学和评价进行整合，使它们融合为一个有机整体贯彻到活动中去。一方面，将学生在综合实践活动中的各种表现和活动成果，如研究报告、模型、主题演讲等作为评价他们学习情况的依据；另一方面，注重把评价作为师生共同学习的机会，提供对课程完善有用的信息实践于教学。此外，在评价方法的选择运用上我们也按照整体观的科学方法，采用定量评价与定性评价相结合，保证了评价内容的全面性和综合性。在研究性学习、社会实践与社区服务等综合活动领域更多地采用了档案袋评定、研讨式评价、学生自我评价等利于学生发展的评价方式，对课程与教学以及学生的表现进行了全面、深入的评价，起到了一定的积极作用。

（三）坚持评价多元性

对学生的各种活动方式既给予充分的肯定，又允许学生对问题的解决可以有不同的方案，提倡学生用多种形式呈现自己的学习结果。而且倡导参与评价的人员尽量使用学生能理解的语言描述学生的表现，避免将评价简化为分数或等级。

对于学生评价而言，学校提出学生本人、教师、家长、同学、校内外人士都可以成为评价者。这些不同主体、不同角度的评价更有利于提供丰富的评价信息，更有利于被评价者的进步和课程的有效实施。同时，在综合实践活动课程的评价过程中，应重视学生的自我反思性评价，通过学生的自我反思评价提高他们辨别是非的能力和自我教育的能力。

（四）坚持动态的、过程性评价

综合实践活动是一种综合性、实践性强，关注学生生活经验和亲身经历的课程形态，它不局限于课程教学而更多地注重学生的实践和活动，如拓展学习时空，让学生走入自然、走向社会等。基于此理念，在综合实践活动课程对学生进行评定时时，学校更重视学生活动过程的评价，即将学生在活动过程中的表现以及他们如何解决问题的过程作为重要的评价依据。

四、综合实践活动的评价方式

经过三年来的摸索，我们通过对完整、规范地参与活动的学生给予基本的活动积分来重视学生的参与过程；通过"评价等第"的不同，来区分活动质量的不同；通过把优秀活动成果同研究性学习对接，鼓励学生进一步深入开展研究活动；通过活动前后对学生进行的问卷调查、座谈来了解学生对活动的感受，来了解活动产生的教育效果。由于综合实践活动内容丰富多样，我们对研究性学习、社会实践和社区服务分别采取了不同的评价手段。

（一）研究性学习成果的评价

1.评价的依据和方式：我们要求每个研究性学习小组都有一个专用纸质档案袋，从问题的形成到最后成果完成，每一步骤都建立完整的研究档案，作为评价的重要依据。根据研究性学习的进度，我们制定相应的考察量表，采取自我评价、小组评价、教师评价的方式，对学生的各项活动内容进行记录评比，并作为对学生给予学分的依据。

2.学生个体评价：在评价学生的研究性学习时，主要抓住几个关键点。比如说：是否参与课题研究小组，在小组中承担了什么任务，是否按照有关要求开展课题研究；交流时发言是否积极，研究性学习结束后，是否上交研究性学习的体会和总结。先由本人自评，再由小组成员之间互评，其结果均按照一定的比例计入学分。

3.小组整体评价：对于小组评价，学校一般按照研究性学习的流程进行评价。如选题评价、研究效率评价、团队合作评价、结题汇报评价等。制定一系列量表，按照一步一个脚印的方法，让学生把整个的研究过程记录在册。

4.评价结果呈现形式：对于学生的研究性学习的评价结果，我们一般先进行等级认定，然后进行学分评价。根据整个研究性学习的记录和考评，由指导老师写出评语，征求研究小组的意见，将研究成果分为优秀、合格、不合格三个等级。在此基础上，对于优秀和合格的小组给予学分，并对优秀者进行表彰。对于不合格的小组重新补充材料并进行研究，直到研究成果达到合格为止。

（二）社会实践和社区服务

1.分层评价

学生参加活动只是一个过程，如何将过程通过评价深化呢？我们将评价进行了分层：能全程参加活动的学生，将获得基本的积分；如果学生能根据活动提出一些值得探索的课题，将获得一定的附加积分；如果学生能就某个课题进一步开展一些探究活动，提供课题报告，将获得更多的附加积分，同时其课题报告将作为研究性学习的内容给予评价。这样一来，既保证了能力弱的学生能通过参加活动获得学分，也让能力强的学生的情感价值观得到进一步培养，能力得到进一步提升。

2.重视交流

我们不仅按方案对学生参加活动认真审定与评价，还对那些获得评价等第为优秀的活动者进行不同层次的奖励。每次活动后，要开展主题班会、班级网页、墙报展览、校报广播、专题汇报等多种形式的交流活动，展示活动的经历、收获、感受或体会等内容的文章、照片等。通过评价和交流，不仅使那些被评为"优秀"的学生得到尊重，而且激励更多学生积极开展社会实践与社区服务。

（三）评价主体及采用的方式

1.教师个体评价及教师小组评价

教师作为综合实践活动的组织者和指导者，在综合实践活动评价中，是评价主导力量。老师评价是否客观真实，对调动学生下一阶段活动的积极性起着至关重要的作用。因此，在评价过程中，必须发挥教师个体以及教师小组在评价中的作用。

在研究性学习的课堂上和综合实践活动开展过程中，我们采用教师观察的方式对学生在活动的整个过程进行观察、记录和评价。教师对课堂小组行为的观察主要是小组的学习风气、学习态度、学习方法和学习能力等。为了使教师观察更加客观有效，我们认为，教师观察前要做到以下几点：

（1）建立个体观察评价量表

观察评价量表怎么设计？包含什么内容？呈现形式是什么？教师完成观察评价量表遵循的程序是什么？观察评价量表是否反馈给学生？什么样的反馈

形式较适合？这些问题都需要解决。观察评价量表的设计内容主要是关于学生的学习过程与方法、学习能力、学习态度与情感等方面的内容。观察评价量表的设计形式是：按学生姓名（竖列）和观察项目（横列）两类进行配置。教师在完成各项活动的指导任务后立即填写观察评价量表，评语使用"十分积极""积极""比较积极""消极""很大进步""进步""退步"等现象描述性评价用语或学生个体自身的纵向比较评价用语。表格可在活动结束时当堂完成或课后完成。教师完成的观察评价量表中的信息应反馈给学生。

（2）撰写个体的观察评价后记

教师不可能也没有必要在每个活动结束后写出每个学生的观察后记。但是，教师可以把一次综合实践活动观察到的、认为有很大价值的材料记下来。现在，许多学校统一要求教师在每一节课都要写教学后记。活动后记写什么？我们认为，综合实践活动后记撰写的核心或最重要的内容就是观察评价后记。在学期或学年结束时，教师可以依据这些观察评价后记资料，制作学期或学年每个学生的学科学习成长记录。这种学科学习成长记录将成为学生学期或学年学习总评价的重要组成部分。

（3）针对典型的个案研究

针对典型个案（如特别积极或特别消极的同学），教师应进行持续深入地观察并了解其家庭与社会教育背景，然后进行研究，积极追寻某种有价值的教育经验和某种典型教育问题的解决路径。这样的个案研究很有价值和意义，值得教育者去做。在现实中，作为综合实践活动的专职老师，我们就遇到了一些研究性学习做得好的、有创新性研究的学生，我们挑选这些学生参加了学校的发明社团，做进一步培养，这些学生在小制作、小发明、小创造中起到了很好的带头作用。

（4）教师利用观察来实现对综合实践活动的有效控制

在活动时，教师对学生观察的目的是为了促使每一个学生主体积极融入综合实践活动的进程。如果教师在活动中发现某个学生走神或漫不经心，那么此时，来自教师的一句善意的提醒、一个眼神、一个轻轻的动作都会引导学生。

这一切都是统一在整个活动中的，每一个学生也都会感受到来自教师的关注。教师以眼神、动作、语言等各种方式对学生进行认可或激励，学生也通过这些方式与教师进行心灵上的交流和对话，即便学生在活动中有不好的表现，也会因为教师的善意提醒而立即得到改善的机会。

2.学生自我评价和互评

学生的评价也是一种能力，在评价过程中，自我评价和互评也是很重要的评价方式。我们发现，学生在最初的自我评价时或互评中一般只会说缺点，很少说优点。因为在进行自评时，学生不好意思说出自己的优点，特别是所谓的后进生，互评时他们又嫉妒别人比自己做得好。而对于相对优秀的学生，他们只会说别人的缺点而不会肯定别人的优点。作为教师，我们就应该指导学生如何进行高效地自评和互评，教给学生自评和互评的一般方法和步骤，这其中既要点出别人的优点和长处，又要指出他们的缺点与不足，特别是要能够给别人提出一些建议和改进的思路。这种方式主要在综合实践活动阶段性总结时，由辅导老师组织实施。

3.校外人员及专家评价

在社会实践活动中，学生需要走出校园，走向社区和街道，到一些活动场所开展活动，此时校外人员的观察和评价就起到了一定的作用。一般我们会在活动结束时，让活动场所的负责人对学生的整体活动有一个综合的直观评价，进而充分发挥服务对象在活动评价中的功能。

另外，在结题汇报时，为了科学地论证学生的研究成果，对于创新性比较强的成果，学校应该邀请与学生研究领域有关的专家学者到校给予指导和点评，为进一步开展高质量的综合实践活动指明方向。对于这种评价方式，我们一般采用小组答辩的方式进行，这样既可以使学生充分阐述自己的观点，得到专家的指点，又能找到自己的不足和努力的方向。

五、综合实践活动的评价内容及量表

（一）评价目标体系

综合实践活动课程目标包括知识与技能、过程与方法、情感态度与价值观三个维度。由于综合实践活动强调学生亲身经历实践学习的过程，所以，学生在实践中，"过程与方法""情感态度与价值观"目标应该是核心目标。在实际操作中，我们按照行为目标的基本要素，比如：收集、分析和处理信息方法、问题提出和解决方案、实施计划的能力、参与意识、服务意识、合作意识、环保意识、效率意识、安全意识、科学精神、创新精神，确立学生活动评价指标。

为了构建科学、合理的目标体系，为尽量客观、全面地评价学生综合实践活动打下坚实的基础，郑州十二中按照综合实践活动的基本要求，根据学生的实际情况，按照层次性，将评价目标细化为普及性培养目标、发展性培养目标、特长性培养目标，推动综合实践活动向常态化、制度化、规范化的方向发展。

1.普及性培养目标

评价学生是否具备"有目的地去选择材料（包括运用网上资源）—分析、归纳、重组材料—形成专题总结、各类材料汇编或专题综述—针对材料提出自我的评价和启示"的能力，进而具备能对他人的评价做出评价的能力，并在评价中具有某些新的思想观点或建议，初步具备对不同的评价进行分析，做出能体现自我体验与观点的评判，从中体现批判性思维能力和深化性思辨能力。

2.发展性培养目标

评价学生是否通过实践与探研了解并学会了科学的资料收集方法，课题调研方法，分析、总结、思辨的办法，评价方法，协作方法，管理方法以及创新发展的方法，是否具备了良好的科学素养基础。

3.特长性发展目标

对少数有研究特长的学生，以创新实验室为基地，通过专门指导的方式，聘请本校学有所长的教师或校外专家进行研究性指导与培养，为他们提供定向发展的优越条件，评价他们是否在某些知识和能力方面显著超出一般同龄人，是否具有创新意识和团结合作的精神。

（二）丰富学生评价内容

在评价目标的指引下，有效的评价必须建立在丰富的评价内容基础上。学校对学生评价的内容越具体，过程性越明显，学生在活动不同阶段参与的积极性就越高。

1.活动态度评价

学生在综合实践活动中的主动性和积极性可以通过学生参与综合实践活动的时间、次数、认真程度、行为表现等方面来评价。如，学生是否认真参加每一次主题活动、主动提出设想和建议、认真观察思考问题、积极动手动脑、认真查找相关资料、准时完成学习计划、不怕困难、坚持完成任务等。

2.合作精神评价

主要对学生在参与小组及班级活动中的合作态度和行为表现进行评价。如学生是否积极参与小组活动，主动帮助别人和寻求别人的帮助，认真倾听同学的意见，乐于和别人一起分享成果，在小组中主动发挥自己的作用等。

3.探究能力评价

可以通过对学生在提出问题、解决问题过程中的表现及其对探究结果的表达来评价。如学生是否敢于提出问题，以独特和新颖的方式着手解决问题和表达自己的学习结果，是否善于观察记录，能够综合运用相关资料，积极采用多种多样的方法生动形象地表达自己的学习过程与结果等等。

4.社会实践、交往能力评价

可通过学生与他人交往的能力，与人沟通、合作的技巧、愿望，各种关系的协调能力等方面进行评价。

5.收集、处理信息能力的评价

可通过学生收集信息的多少、方法、途径、真实性以及对信息的辨别反思、反应能力等方面来评价。

（三）评价具体项目

在评价目标指引下，结合评价内容，郑州十二中设立了各种奖项，采用分阶段连锁评比的方式，调动学生参加评比展示的积极性，将评价变得更加人性化，由于评价过程合理，评价结果真实客观，做到了使学生口服心服，不断产生超越自我的积极心态。

1.最佳组合小组

在研究性学习活动之初，一般的学校都要进行小组合作研究。郑州十二中采取了学生自由分组，填写相关表格，每个小组成员进行介绍，说出加入小组的理由，共同制定小组的奋斗目标。尽管是短短一节课，同学们相互了解、相互信任，推选了组长。我们根据各小组的情况，评出"最佳组合小组"。

2.最具创意小组

为了调动同学们提出问题的积极性，培养学生的观察能力和提出课题的能力，我们要求每一个小组的每一名成员分别提出一个课题，然后由每一个小组推选一个课题，参与班级"最具创意课题"的角逐。为了找到一个好的研究课题，同学主动找老师、查资料、想办法，使出了浑身解数，对同学们提出问题能力和质疑习惯的培养，起到了非常大的推动作用。

3.最佳开题小组

课题确定以后，为了实施研究计划，学生需要填写开题报告表，在表中要初步填写课题提出的背景，通过研究达到的目的以及为了搞好研究，小组成员如何分工。在这一阶段评比出"最佳开题小组"。我们根据学生开题报告的填写和开题报告的汇报，对学生的计划能力做出客观的评价。

4.资料整理规范组

做好开题报告以后，学生进入了实质性的研究阶段，有的搞实验，有的制定问卷调查，有的访问专家学者，有的访问社区居民，为自己的研究准备充足的资料。为了让学生实实在在地研究，做到引用有据、观察有感、调查有数、参考有来源，我们对学生在收集、整理资料阶段特评出"资料整理规范组"，培养学生实事求是的科学精神和探索精神。

5.中期汇报先进组

研究性学习进行一阶段以后，学生虽已掌握了一部分资料，但其中可能还存在一些问题，为了更好地为结题做准备，我们会组织一次中期学期汇报会，每个小组由组长或者成员汇报目前的研究进展、存在的问题以及下一步的努力方向，按照每个组的汇报情况评出"中期汇报先进组"，鼓励学生完善资料，勇于查找问题和不足，培养学生认真细致的良好习惯和研究规划能力。

6.结题展示优秀组

学期最后的一节课，为了展现同学们一个学期以来的研究成果，我们还会组织汇报展示会，让同学们将自己组的研究成果，通过幻灯片、模型、演讲、表演等多种形式进行展示，我们组织有关老师和学生组长参与评比，最终评出"结题展示优秀组"。

7.优秀研究组

小组能确定并探究自己选择的话题、主题和问题，能从媒体、参考资料和科技资料中查找、选择和选用相关的信息，并形成本小组规范的研究报告，经过指导老师推荐、小组自评，综合前期的各项评比，将评出班级优秀研究性学习小组、年级优秀研究性学习小组和学校优秀研究性学习小组，按等级进行表彰和奖励，并向全校师生进行汇报展示，将优秀的研究成果汇集成册。

8.沟通活力组

在综合实践活动中，学生经常会调查或访谈老师、学生和社区居民，甚至专家学者，这对学生的交往能力和沟通能力是一个锻炼和考验。在调查研究的过程中，不同的小组、不同的学生表现出来的沟通交流能力也不同，所收到的具体效果也不一样，我们根据学生的表现和被访谈对象的反馈情况，结合学生课题的完成情况，在综合实践活动中设立"沟通活力组"的奖项，以促进学生交往和沟通能力的提高。

9.最佳参与奖

研究性学习结束了，每个学生都有一定的体会和感受，有调查时的酸甜苦辣，也有成功的欢欣喜悦，我们对每一个学生的研究体会进行评比展示，评出"最佳参与奖"。

10.创新大赛成就奖

近几年，国家重视青少年创新能力的培养，各部门相继推出了各种青少年科技创新大赛，这对我们研究性学习的开展是一个巨大的促进作用。在我校的研究性学习评比中，对于有一定价值且影响比较大的课题，在老师的指导下充分论证，将推荐参加全国研究性学习的各项赛事，若达到知识产权保护的标准，我们将组织学生参加专利申请工作，并在资金上给予资助。凡被推荐参加比赛的课题，评为"创新大赛成就奖"且能能获奖的，学校另行表彰和奖励。

（四）设计学生评价量表

在综合实践活动评价中，合理利用评价量表对学生的研究能力、情感态度及活动效果进行综合性评价，既能保存一定的原始资料，又为科学评价提供了依据，在过程性评价和发展性评价中，有着不可低估的作用。以下是我校的部分评价量表，在研究性学习评价中发挥了重要的作用。

综合实践活动综合评价行为观察量表

态　度	行　为	行为观察	
		日期	评语
好奇心	注意和关心新事物、新情况		
	通过对细节的认真观察表现出具有学习兴趣		
	提出问题		
	利用现象或资料发现新的或不同寻常的情况		
尊重事实	寻找事实证据以回答问题		
	检验与其他现象不相符合的证据		
	挑战没有充分证据的结论或解释		
尝试应用知识解决问题	能够寻找帮助问题解决的知识		
	借助知识在问题情境中指导探究		
	用可获得的知识进行解释和解决问题		
乐于批判性地评价各种观点	当有充足的证据时，改变已有观点		
	将其他各种观点与自己的观察相比较		
	乐于检验自己研究中存在的正面和负面的问题		
	寻找各种观点而不仅停留在最初的观点上		
	意识到改变已有观点是必要的		
与人合作	自如地与其他学生讨论与主题相关的观点		
	尊重小组其他同学		
	与小组讨论各种观点		
	在探究小组中承担一定的角色并完成任务		
	在研究和学习中帮助其他人		

郑州十二中研究性学习小组建立登记表

_____年_____月_____日

学科类别		研究类别	
指导老师		班　　级	
成员信息			
姓　　名	特长与爱好	联系方式	班内职务
组　　长			

课题生成记录

_____年_____月_____日

组员姓名	初选课题	选择或淘汰的理由
本组最终研究课题		
导师意见		

郑州市第十二中学研究性学习开题报告

课题题目		主导课程	
指导老师		班　级	

简要背景说明（课题是如何提出来的）：

课题的目的意义：

研究活动计划

任务分工	姓名	承担任务	

	阶段序号	时间（周）	主要任务	阶段目标
活动步骤				

计划访问对象	
活动所需条件	

预期成果（论文、制作模型或实物、实验报告）：	

研究性学习课题正文框架结构表

序　号	姓　名	提出的框架结构
最终确定的正文主要内容结构		

备注： 该表是学生研究课题的构思和框架结构，学生经过研究后，至少写到二级标题。

郑州市第十二中学研究性学习中期汇报表

课题名称	
组　　长	
成　　员	分担任务完成情况
已经收集到的资料	
完成进度	
目前存在的问题	
下一步计划	

研究性学习小组成员研究体会表

姓　　名		承担任务	
研究性学习的 体会与感悟			

研究性学习小组成员研究体会表

姓　　名		承担任务	
研究性学习的 总结			

郑州十二中研究性学习活动结题报告展示评价表

届别　　　班级　　　班主任

课题名称		课题组长	
1.成果评价	等第：A（10-9分）　B（8-7分）　C（6-5分）　D（5分以下）		
选题的科学性		人员分工明确性	
目标的明确性		研究成果的实用性	
研究成果的科学性		研究成果的影响度	
研究成果的创新性		研究成果的影响度	
2.成果陈述评价	等第：A（10-9分）　B（8-7分）　C（6-5分）　D（5分以下）		
成果表达的准确			
语言的流畅		时间的把握	
成员的精神状态		技术的运用	
3.答辩评价	等第：A（10-9分）　B（8-7分）　C（6-5分）　D（5分以下）		
应答的能力			
答案的准确性		时间的运用	
总评分			
4.综合评审	以下由评委看材料后综合评价		
材料是否齐			
指导老师是否负责			
评审组终评			

（五）学生成长记录册及教师评语评价在综合实践活动中的实施

综合实践活动的记录是一项必不可少的内容，为了记录学生成长过程，学校推行了成长记录册管理法。为了发挥成长记录册在综合实践活动评价中的作用，学校对成长记录册的填写和管理做了具体要求：

1.《成长记录册》组织与管理

《成长记录册》纪录工作由班主任牵头管理，由政教处具体负责，教务处及其他部门协作开展。每学期分若干次由班主任组织，有关教师对有关的栏目做出评价并记载。定期将《成长记录册》发给学生、家长交流，再交给班主任保管。学期结束时，由班主任牵头，请有关教师做出学期的总结性评价并记载。《记录册》的内容作为学生对评价的依据之一。

2.成长记录册对综合实践活动课程评价的要求

①研究性学习评价。在"值得记载的学习成果"一栏，由学生自己记录，要从个性化的能力表现、特别的体验等方面，用概括性的文字表述。

②社会实践和社区服务评价。"收获与启示"由学生从能力、表现、实践、体验等方面进行自我评价。

③探究型课程学习评价。"收获与启示"由学生自己填写，要以探究过程中的态度，合作能力、能力的个性化表现、体验与感悟等方面去关注。"老师的话"从学生的活动态度、能力和技能水平等方面，发现学生在学习中的进步和努力，提出进一步提高的建议。

④"自己的话"要求学生记录在活动过程中的特别收获、特别的体验等情况，以及在学习能力上做出自我评价。要用概括性的文字表述。

⑤"同学的话"由小组里有关成员填写，要求在自评基础上进行小组互评，并形成评价意见。强调关注他人的优点和发展。要用概括性的文字表述。

3.教师评语在综合实践活动评价中的实施

为了发挥评语在评价中的重要作用，学校对指导教师在书写评语时提出了一些具体要求。如教师在完成活动后立即填写观察评价量表，评语要使用具有一定区分度的描述性评价用语或学生个体的纵向比较评价用语。表格可在课程结束时当堂完成或课后完成。教师完成的观察评价量表中的信息应反馈给学生，可张贴于班级，典型情况要反馈到个体。

（六）在呈现学生评价结果进行反馈时，评语评价和成长记录评价的比较

概括地讲，评价结果的呈现有定性与定量两类方式。在第一学段应以定性描述的方式呈现，在第二学段应以定性和定量相结合的方式呈现，以定性描述为主，在第三学段应以定性与定量相结合的方式呈现。

由于综合实践活动课程的特殊性，我们认为，应该采用评语评价和成长记录评价相结合的方式比较好一些。当然也不是绝对的，有时定性和定量相结合更好一些。评价时应采用鼓励性语言，以发挥评价的激励作用，让每一位学生体会到只要自己在某个方面付出了努力就能获得公正客观的评价。另外，评价要充分关注学生的个性差异，保护学生的自尊心和自信心。具体来说，评价的呈现方式包括评分或等级、评语、成长记录等。

1.评语评价的必要性

评语是用简明的评定性语言叙述评定的结果。评语可以补充评分的不足。一个分数或等级所能反映出的信息毕竟是有限的，对于难以用分数或等级反映的问题，可以在评语中反映出来。

评语无固定的模式，但针对性要强。语言力求简明扼要、具体，要避免一般化。要尽量使用鼓励性的语言客观、全面地描述学生的学习状况，充分肯定学生的进步和发展，同时指出学生在哪些方面具有潜能，哪些方面存在不足，使评语有利于学生树立开展活动的自信心，提高活动的兴趣，明确自己努力的方向，促进学生进一步发展。请看下面的评语："本学期我们学习了收集、整理和表达数据。你通过自己的努力，能收集、记录数据，知道如何利用数据揭示问题的实质，你制作的统计图也是班上最出色的。但你在使用语言解释统计结果时还不够准确。老师相信你通过努力会在这方面做得更好！"在这里，教师的着眼点已从分数或等级转移到了对学生已经掌握了什么内容、获得了哪些进步、具备了什么能力的关注。学生在阅读了这个评语之后，获得更多的是成

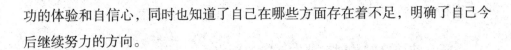

功的体验和自信心，同时也知道了自己在哪些方面存在着不足，明确了自己今后继续努力的方向。

2.成长记录的必要性

评语中虽然也包含了教师对学生成长记录中的成果的评价，但是成长记录作为一种物质化的资料，在显示学生学习成果，尤其是显示关于学生持续进步的信息方面具有不可替代的作用。使用成长记录作为评价结果的呈现方式，具有以下几个优点：

（1）使学生参与评价，成为评价过程的一部分。

（2）使学生、家长和教师形成对学生进步的新看法。

（3）促进教师对表现性评价的重视。

（4）便于向家长展示，给家长提供全面、具体的关于孩子学习状况的证据。

（5）将重点集中在重要的表现活动上。

（6）有助于确定开展综合实践活动需要改进的方面。

（7）提供诊断用的特殊作品或成果，为实施因材施教提供重要依据。

（8）汇编累积起来的学生参与的证据和看法，全面了解学生参加活动的过程。

3.优化、组合评价的作用

通过"分数或等级＋评语＋成长记录"的记录方法，教师所提供的关于学生综合实践活动情况的评价就会更客观、更丰富，使教师、学生、家长三方都能更全面地了解学生参加综合实践活动的心路历程，同时也有助于激励学生的学习和改进教师的教学。教师要善于利用评价所提供的大量信息，诊断学生的困难，同时分析与反思自己的指导行为，适时调整和改善活动过程。

（六）对综合实践活动课程教师评价的实施策略

教师评价是综合实践活动课程评价体系的一部分。由于教师评价与教师的专

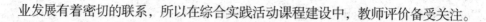

业发展有着密切的联系，所以在综合实践活动课程建设中，教师评价备受关注。

1.教师的评价对教师专业发展的积极作用

对教师的评价能够使其对活动中存在的问题进行分析和提示，找到问题症结所在，进而提出改进和补救的建议，提高综合实践活动的效率；适当的教师评价能让教师了解自身发展存在的优势和不足，从而调整自己的教育或学习行为；教师评价可以让教师在正确认识自己优势和不足的基础上，从正反两个方面受到激励，增强发展的积极性和主动性；综合实践活动中，教师评价资料的收集还能让我们清晰地看到教师在这门课程中专业化发展的痕迹，使综合实践活动课程成为师生共同发展的舞台。因此，教师评价对教师的专业化发展是有很大的促进作用的。由于综合实践活动课程生成性的特点，课程的发展很大程度上取决于教师专业素质的不断提高与发展，所以我们所倡导的教师评价也应该是发展性教师评价。

2.对综合实践活动教师评价的基本范畴

（1）对教师实施综合实践活动课程基本专业素质的评价

综合实践活动课程作为本次课程改革中出现的新课程，它同样需要教师专业人格即个人的专业品质作为支撑。综合实践活动中，教师不仅有实施课程的责任，更承担着开发课程的使命，所以它需要教师投入更多的热情和创造力，要有成为研究型、学者型教师的志向，要具备导师的素养，对学生的未来发展富有责任心；要求教师具有合理的知识结构和较好的可扩展性，必须具有良好的沟通协调能力和团队合作意识。

（2）对教师设计、规划主题活动能力的评价

设计规划能力指的是教师在教学前根据学生对象的特点，对教学内容进行组织与加工，并选择适当的教学方法以取得最佳教学效果的能力。这里包括活动主题内容的选择能力，制定恰当的教学目标的技能，设计与制订方案的能力和预测教学情境变化的能力等等。

（3）对教师在主题活动中组织指导协调能力的评价

在综合实践活动中，教师是以导师的身份出现的。由于综合实践活动课程强调学生的亲力亲为，强调学生在过程中的亲身体验，所以，对学生的自主活动，教师不能越俎代庖，但这绝不意味着放任自流，而是教师有意识地积极加以适时、适度的引导。组织协调能力成为称职的综合实践活动课程的指导老师的必备技能。这种能力首先表现为教师具备组织学生依据方案有序开展主题活动的技能。具体包括如何调动学生关注自己的生活的兴趣，如何营造气氛培养学生的问题意识，如何建立学生将生活中的问题转化为综合实践活动课程研究主题的有效的教学机制；在活动主题确立后如何调动学生积极参与到教学活动中来，如何协调小组成员间的分歧，如何采取有效策略，应对综合实践活动课程实施中生成性问题等等一系列技能。

（4）对教师评价能力和反思能力的评价

对学生活动效果的测量和评价是教师的一项经常性工作。一个称职的指导教师要具备对活动效果进行测评的能力。包括对学生提出问题的测评、对学生设计方案的测评、对学生活动过程中表现的及时测评以及对学生进行综合评判的技能，教师还要具备设计测评指标、选择测评手段及有效运用测评结果的技能。

综合实践活动作为一门新兴课程，在尚未形成较为成熟的教学模式的情况下，只有靠教师在教学探索中不断反思自己的教学行为，不断否定自己的同时不断积累教学经验才能形成自己的教学特色。这一切都是靠教师对自己的教学进行经常性的自我回顾和自我总结来完成，也就是我们通常所说的教学反思。

3.教师评价的实施

郑州十二中在评价中，按照学校三年发展规划中对研究性学习、社区服务和社会实践的要求，每三年对综合实践活动教师做一次综合性的评价。目前综合实践活动课程实施处于起步阶段，学校采用了长期评价和短期评价相结合的方式灵活进行。所采取办法是：由学校领导，老师、学生、家长等多主体共同参与评价。

4.教师评价量表

综合实践活动教师评价量表1

评价内容	行　为	行为观察	
		日　　期	评　　语
基本专业品质的评价	有成为研究型、学者型教师的志向		
	具备导师的素养，着眼学生的未来发展，富有责任心		
	知识结构合理，具有较好的可扩展性		
	团队合作意识和沟通能力		
主题活动设计规划能力的评价	活动主题内容的选择能力		
	设计和制订方案的能力		
	预测教学情境变化的能力		
主题活动中组织指导协调能力的评价	组织学生依据方案有序地开展主题活动的技能		
	主题活动中，敏感地发现学生在自主实践中出现的问题及需要指导的内容		
	能在适当的时间，采取适当的方式实施指导		
教师对学生评价能力的评价	对学生提出问题的测评能力		
	对学生设计方案的测评		
	设计测评指标的能力		
	选择测评手段的能力		
	运用测评结果的技能		
在实施课程中反思能力的评价	经常自我回顾和总结		
	不断完善自己的教学理念		
	能不断学习		
	形成教学经验性论文		
	反思内容运用于实践		

教师评价表2

评价主体	评价内容	描述性评价
学生评价	1.你的指导老师是否很热情地指导你们的活动	
	2.你的指导老师是否主动询问过你们的活动	
	3.在活动的过程中，你的指导老师在哪些方面帮助过你	
	4.你想对你的指导老师说些什么	
教师自评	1.你是否对综合实践活动的开展投入了巨大的热情	
	2.为指导学生，你是否学习过与他们的活动主题相关的知识	
	3.在活动开展过程中，你是否与学生家长沟通过	
	4.陈述你所指导的小组活动设计方案及执行情况	
	5.在活动开展过程中，你是否与其他教师开展不定期讨论	
	6.简单描述一下你对学生的指导中最具创造性的表现	

四、评价管理体系的构建

（一）设置综合实践活动协调组织

由于综合实践活动包括研究性学习、社会实践、社区服务三个部分，学校有必要设立综合实践活动协调专门机构，以便领导综合实践活动的评价，高效地管理各项活动。

成立由校长、教师、课程评价专家、家长、学生共同参与的综合实践活动管理委员会，校长任主任，为综合实践活动提供组织保障和领导保障，其职能是：咨询、把关、审查和提供帮助。委员会下设领导小组。教务处负责安排评价的实施，包括评价方案的制订、教学活动的检查、反馈和评估、交流展示等。年级组负责评价的实施工作，如学生的报名、教学组织的管理等。

郑州十二中在校长的领导下，将综合实践活动的研究性学习交由教务处负责，将社会实践交由政教处负责，将社区服务交由学校团委负责，各司其职，分工合作，共同完成每个年度的课程目标，并领导所在部门相关人员对所负责领域的综合实践活动进行评价。

（二）制定相应的规章制度

1.加强宣传，稳步推进。学校要深入广泛地开展校内、外宣传教育活动，教育广大师生深刻理解综合实践活动课程评价的原则、意义、内容和评价办法，动员师生创造性地开展综合实践活动评价。引导全社会理解、支持综合实践活动，主动争取社会、家长的积极配合，探索建立学校、家庭、社区参与综合实践活动评价的有效机制。教师应主动加强对综合实践活动课程的学习和研究，与学生一道参加社区服务和社会实践，提高对综合实践活动课程的评价能力。

2.多方参与，定期研讨。为了不断总结综合实践活动评价经验和教训，提升评价人员的评价水平，学校定期召开由领导小组成员、专家、教师、学生、家长、社区人员组成的有效评价座谈会。让家长、社会了解和参与综合实践活动的评价，及时总结、调整评价的实施，激发学生参与综合实践活动的热情和积极性。

3.加强培训，挖掘资源。综合实践活动评价的关键在于教师和学生的积极参与，只有提高教师的综合素质，学校才有可能优质高效地对学生进行评价。学校应为教师的多向多维发展创造机遇、搭建平台，定期对教师进行培训，充分调动教师在评价中的积极作用。对教师的培训应立足于综合实践活动课程的实际工作，重点在两个方面：一是对教师进行评价理论的培训，让教师初步掌握课程评价的一些基本原理，明确评价目标、评价内容、评价实施办法等基本原理，为课程评价提供理论依据；二是对教师进行专业知识培训，不断拓宽其知识面，重新构建教师的知识结构，为课程评价的开展提供智力支持。

4.严格管理，表彰先进。学校制定了综合实践活动课程的管理办法，将诚信守纪、团结互助、安全防范，保证效果等作为明确要求。加强综合实践活动课程的过程管理，要求不得以学科综合性学习简单代替综合实践活动课程，不得挤占或减少学时，凡违反课程设置要求的，及时批评并纠正。

加强对综合实践活动课程指导教师的管理，科学合理地计算教师承担综合实践活动课程的工作量。教师承担综合活动课程教学的质量，应作为考核、晋级、评先等的依据之一，对在综合实践活动教学中做出优异成绩的教师要予以表彰。

五、综合实践活动评价的实施过程

综合实践活动的评价无固定的实施模式，也不可能有一个十全十美的方案概括丰富多彩、富有特色的实践活动。但是我们可以按照确定活动目标——设计方案——活动过程——形成成果——活动报告的实施过程顺序，分阶段、分步骤实施评价过程。

（一）综合实践活动实施前的评价

实施前评价指在学生具体进入综合实践活动之前所使用的评价方法或策略，以了解学生的准备状况或兴趣，进行选题和制订活动计划。要求教师与学生共同制定评价目标、评价量表等，要预先让学生知道如何评价。具体可以采用预测、调查问卷、观察、自我评估、提问、开题报告会等多种方法。重点对主题的可行性和创新性、研究计划的合理性等进行选题指导和制订研究计划指导和评价。

关于这一点，我们在前边对教师的评价和对学生的评价准备工作中，都设计有一定的评价量表，按照量表执行就是一种科学的方法，这里不再赘述。

（二）综合实践活动实施过程中的评价

实施过程评价指在学生真正进入综合实践活动的实践过程中所使用的评价方法或策略，以记录学生活动的过程，提供反馈和调节、积累学生发展和进步的信息，让学生进行自我评估和调节。具体可采用同伴评估、观察、讨论、提问、卡片、文件夹、访谈记录、日记等方式，对综合实践活动开展过程中学生遇到的问题、解决的方法、参与活动的态度和情感体验、学生遇到困难的坚持程度、学生团体合作意识与精神等，予以具体而详细的记录，真实反映学生主动探究和学习的过程，提供反馈从而及时调节。

在这个环节，资料的收集和整理非常重要，无论对老师评价，还是对学生评价，都必须建立在大量翔实的资料基础上，才能够客观地评价被评价对象的各项工作。

（三）综合实践活动实施结束后的评价

实施过程评价指在学生整理、加工和表达、交流综合实践活动结果时所使用的评价方法或策略，以总结和展示综合实践活动的结果，确定学生对信息、技巧、概念的理解和应用，分享学生的情感体验，展示学生的个性特点和团体的合作精神。具体可以采用实物展示、情景测试、任务操作、演示、文件夹评审、报告会、答辩会、学生自评、同伴互评等方式对学生综合实践活动结果的科学性、实效性，参与过程的自主性、合作性、创造性等多方面进行展示和综合评价。

这个环节的评价，既是一个综合实践活动结束，也是下一个活动开始，总结和反思显得尤为重要。多在这个环节下功夫，对教师专业素养的提高，和学生知识迁移能力的培养，有很大的促进作用。

六、结束语

本文从五个方面论述了综合实践活动的评价问题。我们认为评价是教育的重要组成部分，开展综合实践活动的评价是为了推动综合实践活动向更高阶段发展。

对于学生的评价领域和构成，我们认为应该是多维度的、复杂的，对学生综合实践活动的评价不是精确的科学，而是学生、评价任务和情境互动后的结果。学生在评价中不是简单地选择ABCD或者复述事实，而是需要组织和融合相应的知识、观点、技能和材料，做出相应的行为表现；在评价中，教师不应该只看到学生参加了几个课题研究或几次服务活动，而应对学生的成就和表现做出尽可能详尽的多侧面的描述。

对于教师，自己根据综合实践活动课程标准，自主开发评价的能力变得越来越重要，教师需要提高自己的评价素养，以便使评价能够贯穿学习过程，不断促进学生健康成长。

对于学校，在综合实践活动课程实施过程中，作为学生评价和教师评价的策划者、实施者、组织者，建立必要的规章制度和评价量表是保证综合实践活动课程评价科学、高效的并健康发展的重要方面。

参考文献

［1］唐丽.如何理解综合实践活动课程评价的基本理念［EB/OL］.综合实践活动网.

［2］佘映雪.教师应将对学生学习的整体观察、小组观察和个人观察相结合来评价学生［EB/OL］.全国继教网.

［3］郭元祥，沈旎，主编.综合实践活动研究与培训资源库［M］.天津：天津教育出版社.

［4］教育部基础教育司组织编写.走进新课程［M］.北京：北京师范大学出版社.

［5］崔允漷，王少非，夏雪梅，主编.基于标准的学生学业成就评价［M］.上海：华东师范大学出版社.

创客教育在郑州十二中实施的一些情况

一、创客教育目前在郑州十二中的实施情况？

郑州十二中在制订学校行动计划和三年规划中，提出了"打造实获文化，培养弘毅之士"的发展方向和奋斗目标。在行动计划中，还明确提出了积极推进课堂教学改革，以项目研究为载体努力推进创客教育的发展思路。

2016年4月25日，我校整合校内外多种教育资源，倾力打造了全市乃至河南省第一个创客工场，总面积达570多平方米。创客工场共由五部分组成，分别是信息发布与检索中心、项目研究与设计室、机器人工作室、数学探究实验室、制作空间。

目前创客工场有3名专职教师、20余名兼职教师和校外庞大的专家队伍，开展创客教育的课题研究、实践探索、课程推进、创客教育评价等一系列工作。

二、创客教育如何结合常规教育

常规教育更多地是在课堂上进行，以知识的传授为主，学生很少有机会亲自动手。我们开展的创客教育正好弥补了课程教学中的短板，学生在常规教育中获得了感性的知识，这些知识如何更好地学以致用，让学生有用武之地，这正是创客教育带来的好处。举个例子，在物理常规教育中，学生都要学习平行四边形定则，老师在课堂上用数学原理进行绘图推导，学生获得了合力与分力的关系，是从演算和逻辑推理中得出的。但是在我们开展的创客教育活动中，学生通过自己的努力，设计的平行四边形定则演示仪却非常直观，一眼就能让学生明白合力与分力的关系。类似的还有很多，在这里就不一一列举了。

三、我们打造创客工场，开展创客教育的意义何在

第一个方面，在开展创客教育中，我们打造创客工场给学生提供了一个可以动手的空间，利用这个空间同学们可以把平时爱好的、感兴趣的或者想探索的东西，在这里得到实践。

第二个方面，是同学们可以合作完成一些项目，把他们在课堂上所不能解决的问题，在这里解决。

第三个方面，是同学们在这里可以展示自己的才能，有领导力的可以展示领导力，有创造力的可以展示自己的创意精神，如果他在某一方面有天赋，也可以在这里得到施展。

在创客工场里，以项目研究为载体扎扎实实地开展创客教育与学科教学的融合，探索在高中阶段开展STEAM教育的规律，探索普通高中科技特长生的培养途径，形成特长生培养、项目研究、实践探索、成果交流四位一体的总体发展思路，最终实现学以致用、培育学生的创新核心素养。

四、试点招收创客类人才的具体做法

附：郑州十二中"创客特长生"培养方案

郑州十二中"创客特长生"以学校创客工场为基地，以项目研究为载体，以运用所学知识和身边的问题为内容，以小组研究为方式，对学生开展创新思维教育，培养学生的创新意识，增强学生发现问题和解决问题的能力。

（一）课程方案设置

1.培养模块：理论通识教育模块、科学素养培育模块、人生规划模块。

2.课程设置：基础课、拓展课、研究型课程；创客人才培养课程。

3.我校与有关高校或单位联合开设的课程（视具体情况做安排）。

（二）教学设施设备添置

为了给创新教育提供良好的教育教学环境，学校加强了教育技术装备的建设工作，配备了功能比较齐全的理、化、生实验室。又陆续完善、配建了信息发布与检索中心、项目研究与设计室、制作空间、机器人工作室、数学探究实验室等。另外学生阅览室、电子阅览室的功能扩展项目也在积极策划中。

为加强实践类课程的开设，学校需要建设中学创新高端实验室，分设物理探究实验室、化学探究实验室、生物探究实验室，亦亟须相应的设备器材充实到实验室的建设中，期待上级主管部门在经费上给予大力支持。

（三）师资配备

学校配备具有创新意识和探索精神的专职教师3人，兼职20余人，组成创客教育工作室，负责创客特长生在校三年的学习生活管理和思想道德教育。通过行之有效的班级管理、丰富多彩的活动课程、特色鲜明的社会实践，培养学生的人文素质和科学素养。

（四）教学模式（9：1学习法）

一周五天学习时间安排：四天半学习学科课程，半天开展特色课程，即9：1学习法。

1.四天半安排：设计专用课表，学生用四天半的时间完成学科课程的学习。学科课程是学生创新的起点，在学科课程教学中，除了完成国家课程标准规定的要求以外，还要加强渗透创新教育和科学史教育，用科学家不懈的探索精神教育学生、熏陶学生，让学生形成好学、好问、善于观察和思考的良好习惯。

2.半天安排：在高效完成基础课程外，每周半天时间上活动课程。每周五下午定为"创新教育实践活动日"，让学生走出课堂，开展素质教育创新实践活动。

（1）按照边理论边实践的教学方式，通过讲座、研讨等方式，对学生先进行创新思维的通识培训。学校将为学生量身定做"课程套餐"，包含创新思维讲座（校内外老师专家结合）、创新思维训练、设计制作实务。

（2）周五下午，学校将不定期聘请专家、学者及名师为创新班同学开课，使创新思维系列讲座激发同学们的思维创新之欲，养成创新习惯，走向辉煌人生。

（3）观看中央电视台《走进科学》《奇思妙想》《我爱发明》等栏目或者其他创新创意视频；也可阅览有关创新能力培养的期刊、杂志。

（4）全面开放理、化、生、创客工场各个功能室，做足、做好理、化、生学生验证性实验和学生主动探索性实验。

（5）组织科学讨论会。在科学讨论的基础上，学生在创客工场、理化生实验室等专用教室，制作、设计、发明教具或解决生活中遇到的问题，进而完成实施创新思维的整个过程：根据生活中观察到的现象→发现问题→调查了解目前他人研究进展情况→抓住相应特点设计自己独特的研究方案→实施方案→形成论文（制作模型、参与比赛等）→书写体会感悟。

（五）"创客人才"培养体系

1.构建完备的课程教学体系，包括课内理论教学、实验探究、课外研究活动、做科研课题四个大环节。

2.开发创新教材，把国家课程与校本课程结合起来。目前，我校已经开发了《我与创新共成长》教材。该教材指导学生掌握创新的一般方法和思路。

3.重视"做中学"，把学科课程与活动课程结合起来。活动课程以学科课程为研究对象，让学生离开书本亲身体验生活的现实而获得直接经验。比如物理学习了平行四边形定则，让学生设计演示仪，直观明了地学习合力和分力的关系，又如：游标卡尺的制作，可以使学生充分了解它的原理和读法等等。活动课程让学生发现学科课程中需要解决的问题，通过自主探究、合作交流、操作实践三种学习方式而得以体现。

4.在高中三年开展的活动课程中，在老师的指导下，每名学生将独立设计、实施、完成一个有价值的科学研究课题并完成一项设计。

5.学生至少参加全国、省、市举办的各类综合性比赛一次。

6.参加国际交流与合作研究。

四位一体推进创客教育的实现路径

虽然相对于欧美学校而言，我国学校开展创客教育起步较晚。但随着对创客空间及创客教育在促进创新创业能力方面的日益普遍认同，我国学校的创客教育得到了长足的进步和发展。然而，要进一步推动创新创业教育的针对性和实效性，最大限度地发挥好创客教育功能，需要我们从营造创客教育文化、开发创客课程体系、变革传统教学方式、强化校企合作平台等方面着力构建"四位一体"的创客教育新模式。

1.营造开放包容的创客教育新文化

首先，要塑造适应创客教育的价值理念。

创客教育旨在提高学生的创新性、创造力以及创新创业能力，而创新创业的过程往往并非一帆风顺，不能简单以成败论英雄，而应更多关注学生的参与性和获得感，这需要我们对学生创客给予更多的开放包容的胸怀、宽容失败的心态和容错纠错的机制。这样，才能充分激发大学生的创客热情，萌发出更多的创意成果，营造出良好的创客文化。其次，要形成有利于推行创客教育的制度文化。要将创客教育纳入学校创新人才培养体系，通过认定学分或替代创新类选修课等形式鼓励学生积极投入创客活动之中，通过举办创客沙龙、创客大赛、创客马拉松等活动形式，为学生创客提供创新实践和成果展示的舞台，使他们在培养跨学科的创新思维能力的同时，获得更多的荣誉感、归属感和认同感。再者，要精心打造创客空间的载体文化。创客空间是创客教育得以实施的依托载体。要结合先进创意理念、合作分享平台、功能配套齐全以及学生的心理特点来进行精心设计和布局设置，使之成为大学生的创意乐园，体会到创新、自由、实践和分享的创客体验。

2.开发面向创客需求的课程新体系

创客教育的融合性和探索性特征，决定了创客课程体系在内容、方式和过程上更多地突出其科学性、实践性、主体性和创新性。一般而言，从创客活动的进程规律和创客自身的实际需求出发，将创客课程体系分为三类：第一类是面向全校学生的基础课程，将创客们常用的3D打印技术、Scratch趣味编程融入到课程教学中，以达到普及创客技术和激发创客兴趣的目的。第二类是面向创客意向学生开设的拓展类课程，以选修或辅修学分的方式面向有创客意向或需求的学生开设系统工程、智能控制、传感器等物联网技术课程，以达到提升系统思维和借助现代技术实现创意的能力。第三类是面向创客空间开设的创新课程，倡导"在做中学"的教学理念，以激发学生创造潜能和指导学生创业实践为目的。

3.构建以学生为中心的教学新方式

在创客教育中，需要构建以学生为中心的新型师生关系。创客空间提供的是一种自由开放的环境，特别强调学生的参与主动性，依赖于学生自身旺盛的求知欲，要防止将传统师生关系和管理理念带入创客空间，进而抹杀创意的种子。为此，要完善教师聘任制度，拓宽教师队伍的学科专业背景，满足创客活动的跨学科需求；要聘请创业导师（包括线上或者线下），突破时间和空间限制，以满足学生随时的辅导需求；要聘请具有丰富创业经验且具有创业热情的创业导师加入创客空间，以更好地鼓励和激发学生的创意和兴趣。同时，创客教师要避免用自身的经验和专业领域固化大学生创客的思维和想象，而应该关注学生创客自身的创业兴趣，鼓励他们在创意的道路上自由翱翔，这是创客教育的核心理念和动力源泉。

4.强化创客教育可持续发展新平台

在国家创新驱动战略背景下，企业逐渐成为全社会研发经费投入和研发活动的执行主体。因此，企业具有把高校科研成果市场化的有利条件，通过建立校企合作平台，充分发挥企业创新成果转化功能，是推动学校创客空间和创客教育可持续发展的有效途径。首先，要建立校企信息沟通和交流互动平台。通过这一平台，企业可以向创客空间定期发布产业需求和创意征集，使学生创客的创新创意具有更好的针对性。其次，打造品牌化的创新创业竞赛活动平台。活动平台的建立，一方面可以让学生创客有创意展示汇报的舞台，锻炼创意团队的综合素质和能力培养；另一方面，目标和深层学习内容。转变传统的"以教师为中心"的理念为"以学生为中心"的理念，实现了差异化学习，提高了学习的热情，增强了学习效果。

学生创造力对校园文化建设的
影响及实施策略研究

中学生正处于创造力快速发展的重要时期，由于当前的中学教育缺乏对学生创造力的开发，导致中学生普遍缺乏创造热情、创造欲望与创造能力，这与求新、求异、求变、勇于开拓的时代精神不相适应。在校园文化中发挥学生的创造力的作用，不仅对校园文化建设是一个促进作用，同时也会进一步发展学生的智力，促进学生创造能力的提高。

一、学生的创造力与校园文化建设

（一）创造力

创造力是指产生新思想、发现和创造新事物的能力。它是成功地完成某种创造性活动所必需的心理品质。例如创造新概念、新理论，更新技术，发明新设备、新方法，创作新作品等，都是创造力的表现。

（二）影响学生创造力的因素

1.知识。包括吸收知识的能力、记忆知识的能力和理解知识的能力。知识是创造力的基础。任何创造都离不开知识，知识丰富有利于更多更好地提出创造性设想，对设想进行科学的分析、鉴别与简化、调整、修正，并有利于创造方案的实施与检验，而且有利于克服自卑心理，增强自信心，这是创造力的重要内容。

2.智力。智能是智力和多种能力的综合，既包括敏锐、独特的观察力，高度集中的注意力，高效持久的记忆力和灵活自如的操作力，也包括创造性思维能力，还包括掌握和运用创造原理、技巧和方法的能力等。这是构成创造力的重要部分。

3.人格。包括意志、情操等方面的内容。它是在一个人生理素质的基础上，在一定的社会历史条件下，通过社会实践活动形成和发展起来的，是创造活动中所表现出来的创造素质。优良的个性品质对创造极为重要，是构成创造力的又一重要部分。如：永不满足的进取心、强烈的求知欲、坚韧顽强的意志、积极主动的独立思考精神等是发挥创造力的重要条件和保证。

总之，知识、智能和优良个性品质是创造力构成的基本要素，它们相互作用、相互影响，决定创造力的水平。

（三）学生创造力的来源及培养重点

在学校教育中，作为教育者，要按照构成创造能力的要素，有意识地培养学生的创造意识，通过多种方法和多种模式，激发学生的创造动机。为学生知识、智力的发展提供平台，塑造学生勇于创新的个性品质，尤其重点培养学生的领导力、策划能力、设计能力。

（四）学生创造力对校园文化建设的积极作用

1.校园文化活动

校园文化活动是指学校在课堂教学任务之外的有目的、有计划、有组织地面向学生开展的各种文化教育活动，它是以学生为主体，以课外活动为主要形式，包括校园内的宣传、教育、文体、娱乐、审美和社会实践等文化活动，是一种蕴含校园精神文化的、寓教于乐的多层次的群体文化。它以广泛性、实践性、创造性等为特征，恰好弥补了课堂教学的不足，成为培养与发展中学生创造性的重要途径。

2.学生创造力对校园文化的积极作用

在校园文化活动中，学生的创造力得到了发展和提高。反过来，学生的创造力需要进一步检验和再提高。这就需要有检验学生创造力的活动载体和物质载体，校园文化活动就是反过来检验学生创造力的重要活动形式。

二、学生创造力的培养、开发和挖掘

（一）充分发挥学生社团的作用

社团活动是培养学生社会实践能力和创新精神的重要阵地，学生可以根据自己的兴趣和爱好，选择自己喜爱的社团，使自己的个性得到张扬。在社团建设实践中，我们充分发挥学生社团的作用，成立了发明与创新协会、头脑奥林匹克协会、信息技术创新协会等众多发明创新团队。每周二下午定期开展活动，深受同学们的喜爱和欢迎，并取得了一定的成果。

近两年，我校先后组织了"A4纸叠高""报纸托杠铃""走进黄河湿地""我爱发明创新大赛""头脑奥林匹克创新大赛"等一系列活动，激发了同学们的创新欲望，拓展了同学们的视野。

（二）学科教师在教学中善于激发学生的创造力

在学科教学中积极挖掘创新教育的因素，不断渗透创新的思想，激发和调动学生的创新热情，是推进创新教育不断向前发展的不竭动力，要使创新教育取得理想效果，就应重视创新教育与课堂教学的融合，在学科教学中渗透创新教育的思想，充分发挥学科优势，使各学科知识充分与科学、技术和生活相结合。

教师要培养和强化学生学习学科知识的兴趣和动机，为学生的发展营造一个宽松的创新环境，引导学生奠定广泛深厚的科学知识基础，培育学生的创新性心理素质，提高学生的创新性思维能力，丰富学生的想象力，培养学生具有博大的人文精神。

（三）研究性学习对学生创造力的培养

在研究性学习活动课程实施过程中，学生通过亲身参与研究探索形成了善于质疑、乐于探究、努力求知的积极态度和情感。培养学生初步具备了自主发现和提出问题，收集、分析和利用信息以及解决问题等多方面的探究能力。在研究性学习过程中，使学生学会交流和分享研究的信息、创意及成果，发展乐于合作的团队精神和合作技能。同时还培养了学生严谨求实的科学态度、不断追求的进取精神，不怕吃苦、勇于克服困难的意志品质以及追求真理的科学道德。

目前我们学校的研究性学习课程已经做到了配备有专职教师，列入课程计划和课表，学生学习有专用教材。新课改以来，我校学生研究专题达到了150多个，研究性学习成果论文2000多个，设计项目300多个。研究活动获得国家、省、市表彰项目300多人次。学校荣获全国中小学知识产权试点学校、创客教育示范学校，研究性学习先进学校等多项荣誉。

三、在校园文化建设中，采取多种途径展示学生的创造才能

（一）通过科技节、艺术节、舞蹈节来展现学生的创造力

学生创造力培养的途径很多，如开设科技创新教育课程、科技创新小制作、废物利用创新制作、艺术创新绘画等，甚至各学科教学中也可渗透创造力的培养。

一年一度的校园科技节汇聚了全校同学创造力的智慧，学校应该充分利用科技节来激发全体学生的创新能力，尤其是通过多元化的科技文化艺术节作品的展示更能启发学生的创造力，十二中的探索历程可能令大家有所启发。科技节是搭建展示学生科技创新成果展示的舞台，对繁荣学校的校园文化，展现学

生的创造力、鉴赏力、表现力都是至关重要的。

为使学生干部发挥自己的创造性思维潜质，学校团组织要求学生干部根据自己的工作范围，结合团委工作思路自己创设活动方案，充分调动学生干部的积极性，使团的工作蓬勃开展起来：各类优秀学生的事迹报告会强化了学生的自我教育，培养了他们自主、自强、自信的创造个性品质；《阳光校园》校刊办刊思路拓宽，完善了编辑部组织机构；文学社的成立和开展活动培养了学生创造精神。演讲赛、主持人大赛、手抄报展示评比等活动是在团委创设的竞争与合作的工作氛围中完成的，在学生创造性思维品德提高上起到了极好的作用。

（二）在校园硬件重大项目中，发挥学生创造力的作用

在学校硬件建设中，一个良好的设计方案能体现出学校的办学特色和良好的育人环境，会对学校的未来发展带来积极的推动作用。比如建一座大楼、建设校门，再如校园绿化区爱护一草一木标牌的制作，在应用的实用性、未来的可扩展性方面学校都要考虑。如果发挥学生的作用，在学生中征集方案，在设计中吸收学生的创新元素，让学生充分参与到设计活动中，积极建言献策，无形中会让学生产生集体荣誉感和热爱学校、奋发向上的学习动力，对学生的成长有着不可低估的重要作用。

（三）学校集体活动的策划，发挥学生的作用

在学生大型集体活动中，让学生自己制作活动方案，参与到学校活动的组织和最优方案的设计也是培养学生创造力的重要途径。学校定期举办的班、团会活动中，学生通过设计方案、预设目标、主动参与，就会在思想上重视班集体的存在；行动上，通过积极参加学校各项集体活动，把主题思想落实到每个活动中去。

（四）学校规章制度，精神文明的发展，发挥学生的作用

学校的规章制度很多方面是对学生的行为进行科学管理而制定的。我们认

为，管理制度要起到良好的作用，在不违反大原则的情况下，应认真倾听学生的意见和建议，也应随着社会的发展适时地进行补充完善和修改，这是非常必要的。

在学校校园文化活动中，要想有效地发挥学生创造力的作用，就必须建立健全中学生创新工作领导机构，由学校分管领导牵头，团委具体负责组织，教科室、学生会、教务处等部门为成员单位，全面指导学校创新素质教育工作，才能够有效地发挥学生的创造力在校园文化建设中的重要作用。

参考文献

［1］李于雄.和谐校园文化建设与大学生科技创新能力的培养，福建农林大学学报，2007，（7）.

［2］黄勇刚.中学生创造力的培养［J］.少年智力开发报·课改论坛，2012，（36）.

［3］王定华.走进美国教育［M］.北京：人民教育出版社，2004.

［4］赫冀成.教学科研融合构建创新型人才培养体系［J］.中国高等教育，2005，（20）.

［5］周济.注重培养创新人才增强高水平大学创新能力［J］.中国高等教育，2006，（15/16）.

郑州市第十二中学创客教育示范校申报报告

郑州市第十二中学是郑州市首批省级示范性高中，学校自2012年以来，一直走在新课程改革的前列，是河南省新课程改革示范校之一，尤其在开展创新教育、创客教育、研究性学习方面进行了多年的探索，并取得了一定的成绩。学校先后被评为河南省知识产权教育试点学校、研究性学习先进学校、创新教育先进单位，成立了河南省第一家创客工场，并被郑州市教育局批准为首批科技特长生招生学校。不仅如此，我们在创客教育研究课题方面也取得了一些成绩，有两项研究课题被列入河南省重点研究课题，有一项创客教育课题被列入郑州市教育研究课题。我们在创客教育方面的工作不仅得到了上级部门的肯定，也得到了学生家长的认可，近年来，我们为学生争取了高考加分、985院校推荐资格、自主招生资格等利益。创客教育的开展对学校的多样化、特色化建设与发展，起到了一定的推进作用。

一、创客教育的目标

在教育教学质量提升的基础上，围绕学生创新意识的培育和教师教学方式的创新，立足校园，放眼国内、国际，通过研究性学习课程、发明创意课、项目研究、技术设计、知识产权普及、校园创客节、创客网等多种途径开展创新教育，最终达到学以致用提升学生综合能力、丰富校园文化活动的目的。

——积极策划未来教室和创客空间建设，建成一批低成本、开放式、便利化的校园创客空间；

——形成一批内容丰富、成本低廉、开源共享的软件硬件资源；

——汇聚一批思想活跃、创意丰富的教师创客队伍；

——营造一种创客教育普及深入，创客精神发扬光大的校园文化；

——形成一系列内容丰富、形式多样的创客活动。

二、实施创客教育的条件

近年来，为了培养学生的创新精神，提高学生发现问题、解决问题的能力和动手实践能力，学校配备了师资，编写了教材，列入了课表，走进了课堂，形成了课堂教学、社团活动、项目研究、知识产权、专家指导多位一体的创新教育培养模式，取得了一些研究成果和成绩。

（一）领导高度重视，整合校内外多种资源，打造全省乃至全国首个学校创客工场

创客教育是一种全新的教育理念，涉及教学、师资、实践等方面的资源配置。为了搞好这项工作，学校成立了以孟天义校长为组长的创客工作领导小组，配备专人负责学生创新教育工作，制订创新教育发展规划，开展创客教育实验和创新人才的培养，形成学校高度重视、多部门协调配合、师生积极参与的长效工作机制。

1.创客工作领导小组

组　　长：孟天义

副组长：毛东旺

成　　员：张红勋　李九泉　史克威　李振宇

2.创客工场分工明细，各有侧重

为了积极响应国家、省、市的号召，培养学生的动手能力和创新精神，郑州十二中领导班子审时度势，在学校三年规划中明确提出了"开展创新教育"的发展方向和奋斗目标，在行动计划中还明确提出了积极推进课堂教学改革，

以项目研究为载体努力推进创新教育、创客教育的美好愿景。

2016年4月25日，为了更好地推进这项工作，我校整合校内、校外多种教育资源，倾力打造创客工场。创客工场共由五部分组成，分别是信息发布与检索中心、项目研究与设计室、机器人工作室、数学探究实验室、制作空间。

3.学校在创新教育方面获得诸多荣誉

学校先后被授予"中国未来创新人才培养会员单位""全国创新教育实验基地""全国创新教育名校联盟百强名校""河南省中小学知识产权普及教育实验基地""郑州市教育创新先进单位""郑州市首届研究性学习先进学校"。

（二）师资力量

1.目前创客工场有3名专职教师、20余名兼职教师和校外庞大的专家队伍，他们为学校开展创客教育的课题研究、实践探索、课程推进、创客教育评价等工作贡献力量。学校以创客工场为基地，以项目研究为载体扎扎实实地开展创客教育与学科教学的融合，探索在高中阶段开展创新教育的规律，最终以实现学以致用、培育学生的创新素养为目标。

创客信息发布与检索中心：张红勋　刘艳春

创客项目研究与设计室：张红勋

创客工场制作空间负责人：张红勋

创客工场机器人工作室：王飞　张红鑫　王超伟　魏景

创客工场数学探究实验室：张雁

2.学校重视创客教师的培训工作，每年有20多人次参加各级各类的创新人才培养培训。三位老师都已经成为本领域的带头人。张红勋老师曾经三次走进河南师范大学，为全省国培计划教师做创新教育方面的培训，张雁老师多次到省装备中心对全省教师进行培训，王飞老师已经成为机器人教育领域的拔尖人才，多次受邀参加各种会议为创客教育人才培养做报告。

（三）课程建设情况

1.课程开发

学校自主开发了《走进研究性学习》和《我与创新共成长》两本教材，同时借鉴了"发明1+1教材"，作为培育学生创新意识的教材，进行研究性学习和创客教育的通识。

2.落实课程的主要做法

以研究性学习课程推进为依托，以能力培养和创新精神的培育为导向，按照普及性、发展性和特长性目标阶梯式推进。

（1）普及性培养目标

面向全体学生，通过研究性学习、通用技术课堂以及知识产权课程、社团课进行。

（2）发展性培养目标

对于在第一阶段目标达到比较好的，实施发展性跟进培养。通过社团课程、课外活动进行培养。

（3）特长性培养目标

对于具有创新潜质和兴趣浓厚的学生采取特长发展，重点培养，通过创客工场分类培养。

以学生为主体，根据项目的需要，搭配不同的成员参与。比如：发明与知识产权项目组是由善于动脑、观察力敏锐、有获得国家知识产权理想的学生组成；中学生水科技项目组是由对环境、能源、工程感兴趣，而且有节约、环保的良好习惯的学生组成；头脑奥林匹克项目组（OM）和目的地创意思维项目组（DI）是由有设计特长、制作特长、艺术特长、英语专长、编剧特长的5到7个学生组成。

三、重点行动计划

（一）创客空间拓展计划

依托现有的创客工场改造，优化创客空间布局，拓展创客空间，打造未来教室、开展创客教育与课程融合的试点与探索。

1.物理设计创客空间：结合物理实验，促进物理学科与创客教育的有机结合，形成有物理特色的创客空间。

2.数学创客空间：发挥数学创客实验室的优势，发挥数学教师创客团队资源优势，打造以数学建模、设计、开发为主要内容的创客平台。

3.机器人创客基地：依托我校智能机器人创新实验室，联合校内外资源，重点引进智能硬件、无线应用的创客团队，搭建智能终端交流平台、智能产品展示平台，建设高端智能机器人创客空间。

4.打造未来教室：依托现代教育技术的发展，配备先进的硬件、软件设施，结合现代化课堂教学的要求，适应语文、外语、化学、生物、地理、历史、政治等多学科的要求，打造郑州十二中未来教室，引导教育教学向高效率、现代化迈进。

（二）创客活动打造计划

打造"郑州十二中校园创客周"品牌，开展分享、体验、展示、竞赛等创客活动，营造创客文化氛围，吸引校内外创客、创客团队和创客机构汇聚我校。每年举办"校园创客周"，通过主题论坛、专业展会、创客市集和创客大赛等活动，汇聚校园创客。

1.制汇节：举办校园创客集会，集中展示校园创客团队的创意作品。举办学生创客节，展示学生发明创造作品，表彰优秀学生创意作品，加强学生创客创新交流。

2.校园创客高峰论坛：举办创客高峰论坛，邀请知名创客，围绕校园创客发展热点进行专题研讨，以创客精神、创客思维为学校发展增添活力。

3.参与太空城市设计、微电影、青少年科技创新大赛、OM、DI、IC等知名国际大赛。

4.开展和谋划研学旅行活动主题设计、校园宣传、成果展示等一系列工作。

四、开展创客教育的措施

（一）开设创客教育课程，打造完善的创新教育课程体系

1.研究性学习课或者通用技术课。

2.知识产权普及课。

3.发明创意课（发明与制作、轻松发明、发明创新1+1）。

4.3D打印技术及设计课。

（二）以项目研究为载体，构建培养动手实践能力和创造能力的活动体系

1.学生的课题研究作为常规性活动，贯穿学生的学习过程。

2.根据学生的爱好和兴趣构建研究项目组、创客组。

3.打造创客实验室，为学生的创造活动提供场地和设施。

4.举办一年一度的创客节，对学生的研究成果进行交流、表彰奖励。

5.进行一年一次知识产权集中申报。

6.将以下大赛作为常规性参赛项目：青少年科技创新大赛、国际青少年创新设计大赛、钟南山创新奖、中学生水科技奖、发明创意大赛、OM创新大赛、DI创意大赛、语言学大赛、太空城市设计大赛、3E大赛（Energy、Environment、Engineering）等。

（三）搞好课题研究和学术交流活动，提高创客教育水平

1.总结学校创新教育工作，做好"工场+项目推进创客教育课程建设的研

究"课题研究工作。

2.完成《用艺术点缀的科技活动》一书的编写。

3.按照知识产权普及试点学校的要求,做好知识产权申报工作。

(四)做好创客教师的选拔和外联引智工作

鼓励有丰富教学经验的各学科教师担任志愿创客导师,为创客提供创新指导和辅导,并联合高等院校、科研院所的专家人才,形成教师创客、高校专家、企业家以及技术专家的互动机制。

(五)做好优秀学生创新教育成果的认证与评价工作

1.利用理科节或科技节对学生的研究成果进行交流、表彰奖励。

2.研究成果在报纸、杂志发表。

3.申报知识产权。

4.参加各级各类创新大赛。

普通高中多样化发展主题报告
——以郑州市第十二中学的学科特色
试点学校课程建设为例

2018年我校被郑州市教育局确定为第二批学科试点学校，随后我们深入领会有关多样化试点学校的文件精神，并结合我们以往开展研究性学习学科特色的试点经验开展了一系列活动，进一步扎实推进试点工作，现结合学校课程建设的实践汇报如下。

一、试点方向：研究性学习学科特色

（一）在研究性学习学科方面的教师配备、课程设置、培养计划、评价方式、活动空间等各个方面开展实践和探索。

（二）按照普及性、发展性和特长性目标，阶梯式推进研究性学习，以能力的培养和创新精神的培育为导向，通过研究性学习理论通识培训、经历课题研究过程，结合其他学科课堂教学，学以致用，最终实现两个突破：

1.教师突破传统教学模式，研究性学习乐于被教师和学生使用。

2.突破传统思维模式，学生发现问题、解决问题的能力得到长足发展。

二、研究性学习课程体系

（一）研究性学习课

进行通识培训，实施课题研究，完成分组、选课题、定课题、写开题报告、汇报、计划、搭建框架结构、检索、总结、完成报告、汇报展示、评价等一系列工作。

（二）学科研究性学习探索课

以数学探究课和语文阅读课为基础，开展学科研究性学习的探索和实践。

（三）知识产权课

每学期穿插在研究性学习课程中，会安排一到两节知识产权课。在学生中普及知识产权知识，形成知识成果的法律保护意识。

（四）社团活动和项目研究课

每周二下午第四节课，按照不同的研究项目，对校内具有良好创新潜质的同学进行重点培养和指导。

三、特色试点活动开展情况

（一）进一步加大校内宣传力度，使师生们充分认识到开展普通高中多样化特色化发展改革试点的目的和意义

作为基础教育的一个重要阶段，普通高中教育是进一步提高国民素质的基础教育，在建设人力资源强国和创新型国家进程中具有重要的战略地位。推动

普通高中多样化特色化建设是《国家中长期教育改革与发展规划纲要》的具体要求，也是普通高中教育发展战略转型的需要。

当前我国普通高中存在的人才培养模式的单一与学生群体异质化、学生求学动机多样化、家长对子女期待多样化、高校和社会对高中毕业生的需求多样化之间的矛盾，是普通高中发展中亟待解决的重大课题，多样化教育成为普通高中改革与发展的重要趋势和必然途径。

我校认为，普通高中教育要实现多种培养目标，不能只满足学生升学这一需求，还要为学生终身发展着想，学校从创新人才培养模式的要求出发，设想在为学生升学打基础的过程中仍然要开发不同学生的潜能，培养出更多有特长或专长的学生，通过参加多种多样的研究性学习和科技艺术活动，让每个学生都能学以致用，形成独特的个性风貌。

（二）切实加强普通高中多样化试点工作的组织领导

1.强化领导，营造氛围

普通高中多样化特色化发展试点是一项全新的工作，学校采取多种形式，广泛宣传开展此项工作的重大意义，统一广大干部、教师的思想认识，充分利用学校行政会、全体教工会、教研会等多种会议场合，加大宣传力度，努力营造学校普通高中多样化发展试点的良好氛围。

为有效领导试点工作，我校成立了特色试点工作室，在学校主管校长和教务处的指导下，负责试点的整体规划和试点项目的日常管理工作，形成领导重视、层层把关的工作体制，把各项工作分解落实到岗、到人，同时给予必要的人力、物力和经费保障。

特色试点工作领导小组

组　长：孟天义

副组长：史克威

成　员：李九泉　王东喜　郭志强　霍本龙　各个年级负责人和各班班主任

特色试点工作领导小组下设特色试点工作室，具体负责日常事务。

2.加强沟通，密切协作

承担研究性学习活动的各个学科和分支项目负责人重视相互之间的协助与交流，多分享在试点实践中积累的经验和做法，同时及时研究项目实验过程中发现的新问题，及时向试点办汇报进度，确保试点项目各项任务圆满完成。

3.完善制度，保障投入

首先学校加大对骨干教师的培训力度，将负责试点项目的教师的工作量纳入教师的正常工作量，超课时的教师发放课时费；其次与教师的年终考核挂钩；最后对试点项目实施成效显著的指导教师，给予评优评先等方面优先权。

（三）学校试点工作情况

根据学校实际，面向高一年级学生全面开展研究性学习新尝试，列入课表，配备师资力量。学生经过一个学期的研究性学习通识培训后，进入研究性学习实践体验阶段，各学科密切配合，全面开展研究性学习。

1.采取措施

（1）加强师资队伍建设，加大教育资源的支持力度

打造高素质导师团队。创建由校外专家与本校优秀教师组成的导师团队，共同承担课题研究或创意项目开发的指导工作。加大对创新人才培养实验指导教师的培训力度，邀请名家授课指导，打造高素质创新性导师团队，为创新班提供适宜的教育资源。完善体现学校办学特色的创新实验室并实现资源共享，学校为学生开展研究性学习提供适宜的教育资源，加强网络资源体系建设，满足学生多样化和个性化的学习需求。

（2）推进课程改革，以能力培养为导向开展课程建设

在落实国家课程方案的基础上，根据创新人才培养需要，系统开发有关能力培养的选修课程。建立学科学习与实践学习紧密结合的培养模式，鼓励学生走进大自然、走向社会、走进实验室。在提高学科素养的同时，更加注重提升

学生的人文素养和艺术修养。

（3）以潜力开发和能力发展为导向，加强课堂教学改革

深入推进课堂教学改革，实现由注重分数、关注"学会"向注重能力、关注"会学"的转变。坚持学思结合、知行统一、因材施教。开展启发式、探究式、讨论式、参与式教学，激发学生的好奇心和求知欲，培养学生浓厚的学习兴趣和问题意识，引导学生主动参与、积极思考、大胆质疑，着力提高学生独立思考和自主学习的能力，加强课外研究性、实践性作业的设计。

（4）搞好综合素质评价，为学生特长发展奠定基础

在创新人才培养过程中，学校搞好培养过程性记录和评价工作，以综合素质评价促进学生特长凸显和个性发展。

（5）用好教育局的有关招生政策，建立拔尖创新人才早期培养机制

拓宽创新人才的发现渠道，做到早发现、早培养。利用上级教育部门的科技特长生招生制度，努力实现义务教育阶段与高中阶段创新人才培养的有机衔接。

2.具体操作办法

形成以教师培训、指导教师引导、实验室训练为培养链条，以导师制下的一师带多徒结对为主要培养形式，以研究性学习为课程载体，以灵活的课题来源为科研切入点，以研修时间集中与分散相结合为主要方式，以参与的表现和业绩水平为评估的灵活有效的培养体制。

①以研究性学习为课程载体，按照分层分目标原则，培养具有不同创新潜质的学生；根据学生的不同情况，以集中与分散相结合的方式，充分利用研究性学习的课时、周末和假期进行学习。

②学校加强研究性学习向多学科渗透，率先在数学、语文学科全面开展研究性学习的尝试和推广。

在数学方面，以数学探究实验室为基地，在教师带领下，开展几何教具学具制作，数学课题研究和数学实验为主要内容的研究性学习。

在语文教学中，以学校图书综合楼功能室为阵地，教师全面梳理语文学科研究课题，学生运用文献研究法、调查法、观察法等多种研究方法，开展研究性学习，培养学生发现问题、信息收集和学以致用的综合实践能力。

③以学生参与上述课程的表现和业绩水平作为评估标准，更多地关注学生参与科学研究的过程和体验，以学生参与科研的水平为参考，不急于要求学生取得什么科研成果，给学生比较宽松的学习、实验环境。

④定期组织科学家报告会，帮助学生形成对于科学技术发展的总体认识，确立自身专业志向，学习科学有效的研究方法。

⑤积极开拓实践基地，为学生参与实践活动创造有利条件。

⑥以学校一年一度的科技节和每周一次的社团活动为平台，开展丰富多彩的创新竞赛和作品展示，营造良好的创新氛围。

⑦将学生的创新设想转化为知识产权进行保护，并对项目新颖的学生进行表彰和奖励。

⑧开展研学旅行，拓展学生获得知识的途径，促进学生自觉走向社会、了解社会、认识社会，增长知识和才干。

（四）研究性学习常态化

采用课堂和课下相结合的方式进行，学生全员参与，课题完成时间限定在半年到一年之间。

以班为单位，由专职教师负责，学生自由组合（最好是有共同兴趣特长互补的为一组），原则上4—6人组成一个课题组，自选组长，自聘指导教师。

每周一课时，用于交流和指导；同时，充分利用节假日时间，课内外相结合，按研究计划开展活动。

（五）根据学生的爱好和兴趣构建多个项目研究组

以各级各类创新大赛为舞台，学生自主选择研究项目，确定人选，制订计划，协调分工，聘请导师，开展研究。目前学校的项目研究小组有50多个。

以学生为主体，根据项目的需要，搭配不同的成员参与。比如：头脑奥林匹克项目组（OM）和目的地创意思维项目组（DI）由具备设计特长、制作特长、艺术特长、英语专长、编剧特长的5到7个学生组成。

一年来，学生研究性学习活动成效如下：

2019年，学生完成研究课题200多项。2019年，学生的研究项目或课题相继获得第71届德国纽伦堡国际发明展金奖1项、铜奖1项，全国机器人大赛高中组冠军，河南省和郑州市青少年科技创新大赛三等奖以上16人，在郑州市百万职工技能比武校园大赛中获得优秀奖以上8人。

（六）以数学探究和语文阅读为试点，在学科中开展研究性学习的尝试

学科研究性学习活动初见成效：

2019年，学校发挥骨干教师队伍的传帮带作用，以青年教师队伍培养为方向，大力推进研究性学习的开展，共召开研讨会5次。

2019年，学校首次举办研究性学习与教育创新学术交流会，共邀请到全国知名研究性学习专家和教师20多人。

学校首次将研究性学习优秀研究成果按照学科分编成册，共编出语文、数学、物理、化学等12本成果。

四、形成的主要特色发展策略

（一）在学科特色建设方面，以研学课程为依托，以项目研究为载体，以创客工场为阵地，以过程评价为抓手，以四个出口为方向，围绕"两个突破"，坚持"三提高、三培养"，按照普及性、发展性和特长性目标，阶梯式推进研究性学习和创新教育工作。

（二）在多样化特色化试点工作中，我校边理论边实践，非常重视特色化试点的相关课题研究工作。

1.为了搞好研究性学习学科特色试点工作，学校教科室组织各学科老师，尤其是青年教师开展以研究性学习与学科整合的小课题研究。

2.《综合实践活动创客空间研究》已经被列入河南省十三五教育科学规划教育装备专项研究的重大课题。

五、存在的问题

在多样化试点过程中，我们也遇到了一些问题和实施瓶颈，现汇总如下：

（一）需要进一步加大对研究性学习骨干教师队伍的培养力度，提高研究性学习教师的积极性。

（二）在学科中全面渗透研究性学习的力度需要加强。

（三）向国内研究性学习先进学校，甚至世界先进学校学习的力度不够。

（四）研究性学习的实践模式需要探索和梳理。

六、解决对策

针对在试点过程中存在的问题，学校试点工作领导小组认真研究存在的问题，积极探索破解这些问题的答案，采取了如下对策：

（一）在绩效工资分配中，对参与多样化试点教师加大倾斜力度，在评优评先中、优先考虑。

（二）采取走出去、请进来的方式，邀请专家到校指导，派出优秀教师学习一些研究性学习知名学校的先进经验。

（三）加大对研究性学习规律的探索和总结，积极探索具有十二中特色的研究性学习模式。

七、本校思考

通过该特色化试点项目的实施和推进，学校在以下几个方面将有很大的改观：

（一）师资队伍结构得到进一步优化。造就了一支素质优良、结构合理、理念先进的研究性学习指导师资队伍。

（二）教学条件得到进一步改善。研究性学习平台成为融学科教学、创新教学和实践教学为一体的工作平台。

（三）课程结构得到进一步优化。拓宽课程覆盖领域，将学生研究性学习的培养、实践、考评纳入统一的管理体系中。

（四）教研改革力度得到进一步加强。鼓励参与研究性学习培养的教师参加各种各样的学习培训活动，每人每年至少参加一次相关研讨会；鼓励教师研究有关创新人才培养的课题，发表关于创新人才培养的高质量论文。

（五）课堂教学改革更加深化。学生大胆质疑，思维开阔，教师改变教学方式，开放性、实践性、探究性教与学成为常态，学生乐于使用研究性学习。

第三篇

研究性学习与创新教育教学成果

YANJIUXING XUEXI YU CHUANGXIN JIAOYU JIAOXUE CHENGGUO

普通高中知识产权教育"创意物化+学以致用"课程体系的构建与实践

一、成果报告

在推广和普及知识产权教育实践中，作为全国中小学知识产权教育试点学校，郑州市第十二中学制订了教育实施方案，配备了知识产权教育师资，编写了知识产权教育教材，列入了课表，走进了课堂，形成了课堂教学、社团活动、项目研究、知识产权宣传、专家指导多位一体的知识产权教育课程体系，本教学成果针对郑州十二中推出的以研究性学习为抓手推进知识产权教育课程建设的探索与实践进行了研究。

二、问题的提出

2005年，党中央、国务院提出了"建设创新型国家"的宏伟目标。明确指出："在高等学校开设知识产权相关课程，将知识产权教育纳入高校学生素质教育体系。制订并实施全国中学知识产权普及教育计划，将知识产权内容纳入中学教育课程体系。"

与发达国家相比，我国学生的创新精神和实践能力有待提升。课程是学校教育的核心，培养学生的创新精神和实践能力必须从课程改革开始。

那么，学生的创意源自何处？实践能力怎么培养？能否从小对学生进行发明创新意识的熏陶？能否在中学开展发明知识产权教育实践活动呢？

在开展知识产权教育、培养学生知识产权意识方面，普通高中在推进知识产权教育课程建设方面面临的问题很多。本成果致力解决以下三个问题：

1.实践资源不足问题。知识产权教育不同于通常的知识理解教育，它必须立足于实践，本成果实施之初遇到的最大问题，恰恰就是缺乏课程资源，场地场所、工具装备等资源非常缺乏。

2.知识产权教育碎片化问题。知识产权教育曾经以各种名义开展，但碎片化问题比较明显，没有统一的目标设计、没有通盘设计的知识产权课程体系，零散且随意，缺乏统合和整体设计。

3.知识产权教育成果评价简单化问题。评价是实施知识产权教育的动力。传统的成果评价方式通常就是将成果拿来比一比，缺乏科学性、制度性，不能有效地激励学生参与知识产权教育活动。

郑州市第十二中学是全国知识产权教育试点学校、河南省课程改革样本校、郑州市首届研究性学习先进学校，在知识产权教育的理论与实践中的成果得到了省市教育行政部门和科研院所的高度认可，多次在我校召开知识产权教育和综合实践活动现场会。

该成果通过总结郑州十二中推进知识产权教育中实施"创意物化+学以致用"的实践经验，探讨知识产权教育课程建设的模式，为其他学校开展知识产权教育工作提供一定的借鉴和启示。

三、解决问题的过程与方法

十多年来，在培养学生创新精神方面，作为河南省新课改样本校，郑州市第十二中学经历了特色教育、研究性学习到知识产权教育课程体系构建的探索与实践，逐步形成了以研究性学习课程为依托，以项目研究为载体，以创客工场为阵地，推动普通高中常态化开展知识产权教育的新思路和新理念，形成本校的知识产权教育育人特色。

本成果以行为研究为方法范式，综合运用多种方法，经历了：

1.落实高中课改阶段。郑州第十二中学是河南省的课改样本校，2008年以来，以学校特色为背景，以研究性学习为依托，结合通用技术教育、科学实验等新课程要素，在一定程度上推进了知识产权教育。

2.经验反思与深化研究阶段。2012年以来，特别是随着大众创新理念的普及，创客教育兴起，本成果团队汇同专家研讨，结合文献研究，认为应该统合实施知识产权教育，构建统一的、符合知识产权教育特点的课程体系。

3.知识产权教育课程体系构建阶段。2015年以来，本团队逐渐形成了以研究性学习课程为依托构建课程体系的思路，主要做了三个方面的工作：

（1）加强软硬件环境建设。主要包括"制作空间"等六大"工场"资源，这些资源是本成果得以成熟的强大支撑；

（2）构建知识产权课程体系。在创意物化和专利申请的基础上，经过理论研究、国内外比较研究，我们统合了科学学科、通用技术、科技发明、创新设计、创客教育、数理逻辑等各类知识产权教育要素，构建了"科技与艺术结合类"等四大创新课程体系；

（3）构建成果评价策略。包括评价维度、奖项设置和展示途径，研制了评价量表。

整个过程是一个"问题—探索—研究—实践—构建—成熟"的过程。

四、成果的主要内容

（一）"创意物化+学以致用"推进知识产权教育课程建设的理论基础

创意物化是指学生在初步掌握设计和制作基本技能的基础上，结合自己的知识和实践经验，展开丰富的联想与想象，运用信息技术、通用技术、劳动技术，设计并制作有一定创意的数字作品、实物作品或艺术作品的综合实践活动过程。

学以致用是指学生在教师的引导下，运用所学知识，结合社会、学校、家庭生活中的现象，发现并提出自己感兴趣的问题。能将问题转化为研究小课题，体验课题研究的过程与方法，提出自己的想法，形成对问题初步解释的过程。

该成果的实践与探索是在遵循建构主义的学习理论、多元智能理论的基础上开展的。学生知识的获得是多途径的、全方位的，学生的兴趣和爱好也是各有千秋、特点不一的。在实践中，我们根据学生的爱好和特长组成不同的项目研究组，满足了学生的个性发展心理需求，可以多方面激发学生的求知欲和探索欲。学生只有选择了一定的研究项目，通过学以致用和创意物化的实践体验，知识产权教育才能成为现实，仅有研究项目，学生没有实践的场所，只是一味探讨和认知，知识产权教育与普通的课堂教学就没有了区别。经过学校的长期研究和实践发现，要开展知识产权教育，学生研究活动必须有特定的动手能力和实践操作研究场所和制作空间，创客工场也就自然而然地提上日程。多年的实践证明，学生有感兴趣的项目研究，又有研究的空间和场所，这是知识产权教育和普通课程教育最关键的区别。

（二）"创意物化+学以致用"推进知识产权教育课程建设的课程体系

1.建设了支撑创意物化课程体系的六大"工场"资源

创意物化必须借助一定的动手实践活动场所才能够实现和完成，没有一定的动手实践活动场所，学校开展知识产权教育就是一句空话。

学校整合校内多种资源，倾力打造了570多平方米的创客工场。它由五部分组成：信息检索中心、项目研究与设计室、机器人工作室、数学探究实验室、制作空间。创客工场由专人负责，定期开课，成为学生创意物化，将自己的创意变为实际物品的乐园。

2.按照学以致用原则，构建了"创意物化+学以致用"创新课程体系

（1）知识产权教育课程总体目标

① 学习、掌握、运用科学研究方法，主动地获取知识、应用知识、解决问题。

② 培育学生发现问题、提出问题、解决问题的能力。

③ 培养学生的创新意识、协作能力和实事求是的精神。

④ 以研究性学习课程推进为依托，以能力培养和创新精神的培育为导向，以项目研究为载体，以专利申请和创意物化为方向，按照普及性、发展性和特长性目标阶梯式推进。

（2）按照项目分类构建知识产权教育课程体系

在知识产权教育课程体系构建中，按照创意物化和学以致用的实际需求，构建立体多样的知识产权教育课程体系。创意物化项目化，就是将知识产权教育课程以项目研究为载体扎实推进，让学生在项目研究中学习，每次有事可做，做过有成就感。

知识产权教育内容课程化，就是将知识产权项目形成体系，固定下来，列入课表，配备师资，有序推进，教、学、评三位一体。

① 学科融合类知识产权教育课程项目。该类课程以学以致用为导向，结合专利权、著作权和商标权的运用，发展学生的学科知识，提高发现问题、提出问题的能力，课程开设有研究性学习、通用技术拓展、数学探究、物理探究四个课程融合研究项目。研究性学习重视基础性培养，重在培养学生发现问题的能力，其他三个项目重在培养学生结合所学课程，培养动手实践能力，在做中学，在学中做。

② 发明创造类知识产权教育课程项目。发明创造课程以奇思妙想，探究科学，发明创意，动手制作为主题。课程开设有机器人与人工智能课程、知识产权教育、发明创意、知识产权申报、水科技奖，3D打印，激光切割研究项目。该类课程作为STEAM教育推进创客项目的有效形式开展。

③ 科技与艺术结合类知识产权教育项目。科技与艺术相结合推进创客教育项目，重在体现科技的光彩、艺术的魅力，将两者巧妙结合推进创客教育，既能培养学生的动手实践能力，又能提高学生的艺术品位。课程开设有OM（头脑奥林匹克）、DI（目的地想象力）、IC（创新设计大赛）、太空城市设计四个项目。

④ 自媒体节目制作知识产权教育项目。如果说创意物化或者造物是知识产权中开展发明创造的主阵地的话，作为创造力培养的补充和完善，文章撰写和视频制作也是学生发现问题和创造能力的表现。为了培养学生良好的思维链条，为创客课程提供智力支持，学校开设了自媒体项目研究，让学生主动迎合

时代发展，运用知识编写出校园喜闻乐见的视频节目或撰写出优美的文章，形成自己的著作权，并加以保护。

五、效果与反思

（一）效果

1.明显提升了学生的创新能力

通过本成果的实践应用，学生的创新能力得到了明显的提升，取得了显著成绩，形成了一批鲜亮的创新成果。有200多名学生获得全国、省、市创新设计大赛一等奖，有8名学生的研究成果获得了国家知识产权局颁发的专利证书，许多学生的研究成果在《大河报》《发明与创新》杂志发表，其中孙佳佳等8名同学的《植物墨水的研究》被中国知网收录。

2.形成了名师带动效应

本成果的实践与应用过程，也是教师专业发展的过程。随着成果的成熟，教师在专业发展上也取得了一系列成果。其中，张红勋老师的研究成果分别在《综合实践活动研究》《发明与创新》《环境教育》等多个期刊上发表，张红勋老师出版《我与创新共成长》专著，在全国综合实践活动优质课大赛中荣获一等奖，影响和带动了一批教师参与进来。张红勋老师还应邀在2014年、2015年、2016年、2017年河南师范大学物理与光电子学院承接的"国培计划师资培训班"上做报告，张红勋老师还被遴选为河南省中小学知识产权培训讲师，到河南省几十所中小学开展知识产权教育教学普及活动。

3.强化了学校发展特色

2017年学校相继获得全国中小学知识产权教育试点学校，中国科学技术大学3D打印示范基地、郑州市首届研究性学习先进学校、郑州市创客教育示范学校等一系列荣誉称号。

4.促进了学校课程改革的深化

本成果将知识产权教育课程与常规学科课程、综合实践活动课程结合起来，将知识产权教育课程排入课表，使知识产权教育课程常态化实施，激发了学校的课程活力，创新了学校的课程结构，形成了新型的课程文化。

5.在郑州乃至全省起到了较大的影响和示范作用

本成果由于鲜明的特色和显著的实践效果，先后被河南省多所学校采用，并在这些实践检验单位产生了明显的成效。河南省多所知识产权试点学校和实验基地的教师到郑州市第十二中观摩学习。

6.被媒体广泛报道

本成果先后被《中国教育学刊》《基础教育参考》《大河报》《郑州日报》和郑州电视台等近百家媒体报道，产生了广泛影响力。普通高中"创意物化+学以致用"的知识产权教育模式在郑州十二中探索和实施以来，对推动知识产权教育课程的发展起到了非常大的作用。

设有专职教师，排入课表，课程常态化开展，学生取得了丰硕的研究成果，有8名学生的研究成果获得国家知识产权局颁发的专利证书，20多名学生获得全国省市创新设计大赛一等奖，学生的研究成果在《大河报》《发明与创新》杂志发表，其中孙佳佳等8名同学的《植物墨水的研究》被中国知网收录，学生参与积极性高。

教师的研究也获得了一系列成果，庞非、张红勋老师的研究成果分别在《综合实践活动研究》《发明与创新》《环境教育》等多个杂志发表。

2017年学校相继获得全国中小学知识产权教育试点学校，中国科学技术大学3D打印示范基地、郑州市创客教育示范学校等一系列荣誉称号。

（二）反思

1.本成果的理论还有待于进一步深化。

2.课程体系还需要有完善的空间。

附件一

（一）编写的有关知识产权教育创意物化项目研究的手册、运用平台

1.学校开发了创意物化项目研究性学习计划和研究进展手册。

学生用研究性学习课程计划及研究进展手册

2.2017年开始，运用项目管理平台，提高评价和管理的效率。

项目管理平台新建课题示例

（二）教学成果参与的学术交流、讲座、报告

1.2017年11月30日"河南省中小学知识产权教育骨干教师培训班"召开，大会上，张红勋老师做了《以项目研究为载体推进知识产权教育常态化开展》报告，效果良好，受到与会专家学者的一致好评。

知识产权教师培训班张红勋报告分享现场

2.2014年6月10日至11日，河南省基础教育教学研究室举办的"河南省综合实践活动课程与创新教育"培训会召开，张红勋老师在培训会上做了《以项目研究为载体推进研究性学习和创新教育的做法》主题讲座，介绍了本人的具体经验和做法。

3.2013年、2014年、2015年、2016年、2017年，张红勋老师受邀参加国培计划，为老师们做关于综合实践活动评价策略的报告。

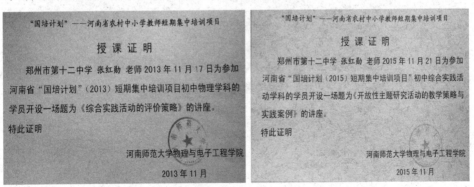

2013年和2015年河南省"国培计划"授课证明

4.河南省知识产权局专家到我校做知识产权巡讲。

河南省知识产权局专家入校巡讲

（三）教学成果相关研究获得奖项

河南省基础教育教学研究室授予我校综合实践活动评价策略研究一等奖荣誉证书

（四）学校因开展知识产权教育获得的荣誉

我校被定为全国中小学知识产权教育试点学校

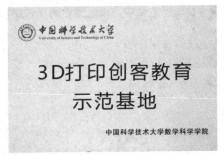

中国科学技术大学授予我校为3D打印示范基地

我校被确认为河南省中小学知识产权普及教育实验基地

中小学研究性学习成果评比"先进学校"荣誉证书

（五）学生因开展知识产权教育创意物化项目研究获得的奖项（一部分）

学生获得国家知识产权局颁发的专利证书

2019年11月学生获得第71届德国纽伦堡国际发明展金奖

国际青少年创新设计大赛中国区复赛获得一等奖

学生获得河南省综合实践活动成果评比一等奖

学生在做项目研究

附件二

（一）杂志刊登研究成果

《中国教育学刊》（2017年8期）刊登了郑州市第十二中学孟天义的研究论文《学生创造力对校园文化建设的影响及实施策略研究》

《河南科技报》（2019年10期）刊登了郑州市第十二中学孟天义、黄玉杰老师的研究论文《普通高中知识产权普及教育模式和实现路径初探》

张红勋撰写的《知识产权教育活动中的评价艺术》一文刊登在《发明与创新》杂志上，该文结合综合实践活动和创新教育的实际教学工作，从知识产权教育活动的评价理念、评价方式、评价的操作办法等方面进行了阐述。

《发明与创新》杂志刊登了张红勋撰写的《知识产权教育活动中的评价艺术》一文

（二）编写的有关综合实践活动课程的书籍和开发的手册

由庞非编著，河南大学出版社出版的《走进研究性学习》一书共分三篇，分别是研究性学习理论知识、学生优秀研究成果展示、附录（评价量表的设计和使用）。

由庞非编著，河南大学出版社出版的《走进研究性学习》一书

2012年，作为综合实践活动课程的开发资源，张红勋编写了《我与创新共成长》，由东北师范大学出版社出版。该书从现实要求、理论基础及现实意义等方面深刻揭示了创新意识和创新能力培养的重要意义，从而深层次揭示了改革课程体系和设置综合实践活动的必要性，并在此基础上介绍了国内外的经验，共有七篇，分别是现实思考篇、理论基础篇、发明专利篇、借鉴启思篇、心路感悟篇、我要参与篇、动手实践篇。

由张红勋编写，东北师范大学出版社出版的《我与创新共成长》

（三）新闻媒体关于知识产权活动的报道

1.郑州十二中荣获郑州市首届研究性学习先进学校称号。

兄弟学校到校学习交流研究性学习活动开展情况

上街区考察组，到校观摩研究性学习课程

学生研究性学习成果丰硕，其中8项研究获国家专利

12月16日上午，从郑州市教育局下发的《关于公布首届中小学生研究性学习成果评比结果的通知》（郑教明电［2015］590号）文件中获悉，郑州十二中获得"郑州市首届中小学研究性学习先进学校"的荣誉称号，其中植物墨水研究、校园绿色能源综合利用系统、一种便携式折叠梳子等三项研究成果分别获得一、二等奖。

据了解，自2011年以来，在师生的共同努力下，郑州十二中研究性学习活动取得了丰硕成果，做到了按照普及性、发展性和特长性目标阶梯式推进，研究性学习活动课程常态化开展，达到人人有研究、人人有课题、人人有发展。其中100余名学生的研究成果相继在报刊杂志刊登或在各级各类大赛中获奖，36项成果获得省市国家奖项，8项研究成果获得国家专利。

开设课程，促研究性学习活动常态化

自2011年开始，在新课程改革的背景下，郑州十二中领先开始研究性学习课程并纳入课表，配备专任教师，负责课程教学、管理、评价和研究。与此同时，学校还将研究性学习作为特色项目列入学校三年发展规划，并开发校本教材《走进研究性学习》和《研究性学习课程计划及研究进展手册》，引导学生在课余时间以兴趣为导向开展研究，任课教师对学生研究学习活动进行过程监控，做到了课程常态化开展。

目标导引，促研究性学习活动规范化、系列化

研究性学习是作为一种以类似科学研究的方式主动获取知识、应用知识、解决问题的学习活动。为培养学生自主学习的能力，郑州十二中的研究性学习活动在注重通识培训的基础上，紧密结合学生各门课程基础知识，引导学生从事与学科知识紧密相连的内容作为课外延伸开展研究，研究课题不论大小，均要求过程完整，并在学期末经学分认定后将相关研究内容上传至河南省学生管理平台。通识培训、课题引导、课题指导、撰写报告、研究成果评价、学分认定等一系列工作规范有序地实施。

以项目研究为载体，探索创新教育有效途径

"尽管我们不能直接培养出创新型人才，但是我们可以培育学生的创新素养，为以后学生的发展奠定良好的基础。"校长王文科曾在首届中国未来创新人才培养论坛中指出，在未来几年内，学校将以培养创新人才作为学校教育的主要任务。在实施过程中，学校从学生的学情和中学生开展项目研究的背景出发，以项目研究为载体，从学校层面制定出创新素养的培育和项目研究的推进策略，并通过科学设置分层目标、加强对创新教育和学生研究项目的科学管理、如何创新开展课程教学和学生课外活动等方法，探索创新教育的有效途径，并取得了一些可喜的成绩，一些做法与成果也在兄弟学校之间交流分享。

校长也表示，此次获得研究性学习工作的专项荣誉，不仅是对学校几年来扎实开展研究性学习活动的肯定，同时也激励学校今后能够以研究性学习活动为抓手，深入推进课堂教学改革，进而引导学生主动参与、积极思考、大胆质

疑，提高学生独立思考和自主学习的能力。

2.郑州十二中"创客明星"张红勋老师受邀为2017年国培计划培训班做专题报告。

郑州十二中张红勋老师受邀"国培计划"做报告

在场老师专注地听取张红勋老师所做的"国培计划"做报告

河南师范大学物理教授侯新杰给予高度评价

12月14日，应河南师范大学物理与光电子学院邀请，河南省教学成果奖一等奖获得者、郑州十二中"创客明星"张红勋老师到河南师范大学，为参加2017"国培计划"的100余名中小学领导和老师做《综合实践活动课程的实施与评价策略》的专题讲座。

"国培计划"全称为"中小学教师国家级培训计划",是教育部、财政部于2010年开始实施的旨在提高中小学教师特别是农村教师队伍整体素质的重要举措,授课者由承担培训任务的高校精心遴选。

报告中,张老师从综合实践活动协调机制的建立、综合实践活动校本教材的开发、综合实践活动场所的设置、课堂教学主阵地的实施模式、研究活动的有效指导方法、合实践活动课程规律的课题研究、研学旅行线路的设计和开发、学生研究成果的三个出口、评价策略的操作方式等多个方面进行讲解和分享。报告充分结合郑州十二中开展研究性学习的实践经验,案例丰富、深入浅出,受到学员们的欢迎,河南师范大学物理学教授侯新杰也给予了极高的评价,称报告内容"接地气"、教学一线的实践研究为今后教学实验提供了宝贵的案例和经验。报告结束后,张老师还与参加培训的老师进行了互动交流。

据悉,这是张红勋老师第四次走进河南师范大学为参加培训的老师做报告。在他的带动和引领下,学校开展创新教育取得丰硕的成果,也有更多的老师加入到"创客"的队伍中来。由张红勋老师主导的"关于高中生创新教育实践与探索"的课题被列入河南省重点课题。同时他所辅导的200余名学生均获得国际、国内各种创新大赛的一等奖或金奖。学校因此获得全国中小学知识产权教育试点学校、中国科技大学3D打印创客教育示范基地、郑州市首届研究性学校先进学校、郑州市教学创新先进单位、郑州市创客教育示范学校一些列荣誉。

3.郑州十二中培养学生创造力实践研究载入全国中文核心期刊。

中学生正处于创造力快速发展的重要时期,由于当前的中学教育缺乏对学生创造力的开发,导致中学生普遍缺乏创造热情、创造欲望与创造能力,这与求新、求异、求变、勇于开拓的时代精神不相适应。针对这一教育短板,郑州十二中创造条件,打造课程、培养师资、积极探索,取得了显著效果。其中,题为《学生创造力对校园文化建设的影响和实施策略研究》的研究成果被刊登在2018年《中国教育学刊》第7期"热点问题研究"专栏。

该成果由郑州十二中校长孟天义带头研究,从三个部分阐述了培养学生创造力的有效举措。即学生的创造力与校园文化建设;学生创造力的培养、开发和挖掘；在校园文化建设中采取多种途径展示学生的创造才能。三个部分环环相扣、相得益彰、论述充分、论证严谨，既有一定的理论高度，又有一定的现实意义。该成果论述的培养学生创造力的途径和方法，结合高中学习生活的特点，理论联系实际，具有很强的可操作性，对其他学校开展创新教育有一定的借鉴意义。

据悉，学校开展创新教育的实践得到教育部、国家知识产权局、中国科技大学、河南省教育厅、河南省知识产权局、河南师范大学、郑州市教育局的广泛认可和大力支持。一年来，学校相继荣获中国科学技术大学3D打印示范基地、全国中小学知识产权教育试点学校、河南省基础教育教学成果奖一等奖、郑州市中小学创客教育示范学校等一系列荣誉。

STEAM教育的普及与经验分享

在STEAM教育课程建设的探索与实践中，郑州十二中配备了师资，编写了教材，列入了课表，走进了课堂，形成了课堂教学、社团活动、项目研究、知识产权、专家指导多位一体的创新教育培养模式。

一、STEAM教育：郑州十二中创新教育的一个突破口

郑州十二中开展创新教育已经走过了13个年头，STEAM教育作为学校开展创新教育的一个方面，经历了引进，吸收、提高和大发展的艰难过程。

2006年特色教育萌芽。2006年以前，学校酝酿要打造一个特色实验室，大家很积极，由于课时都很多，忙不过来，没有专人负责，特色实验室只是挂了一个牌子，当时正值我校评省级示范性高中。河南省省级示范性高中评比检查组第一次检查时，想看看学校最具有特色的物理特色实验室。在特色实验室转了一圈后，评审组给出的评语是"这个特色实验室的特色是卫生很干净"，这给了学校当头一棒。

2006年12月，学校迎来了第二次省级示范性高中的验收评审，一项重要任务是看一看学校的整改情况，当时学校将这个重要的任务交给了张红勋老师，要求必须在检查组来之前带领学生做出很多东西展示给他们看。接到任务后，从9月到12个月，历时三个月夜以继日的刻苦攻关，特色实验室屋子里有了可以展示的自制可控电动车、热气球、牛顿第三定律演示仪、能打出"郑州十二中"字样的高压电火花发生器等。当检查组第二次走进特色实验室看到了一些制作的痕迹和作品时，给予了很高的评价。这次检查以后，学校被评为省级示

范性高中，2007年创新教育开启破冰之旅，之后，凡是有参观和交流的兄弟学校和国际友人，学校一定带他们到特色实验室来看看。从此，特色实验室也慢慢有了起色，学校领导也非常重视，在学校三年规划和年度经费预算时，都会优先考虑，这极大鼓舞了参与教师的积极性。

2008年研究性学习探索上路。河南省新一轮课程改革开始，研究性学习上升为国家课程，学校发现研究性学习在培养学生发现问题、解决问题、团结协作能力方面有着巨大的作用，研究过程就是对学生的创新意识培育的过程。

2010年9月，学校以研究性学习课程为平台，以项目活动为载体，在物理特色实验室的基础上加以改造，慢慢转向研究性学习和创新意识培养上来，初步进行创新教育的尝试。

2010年引入STEAM教育。2010年秋季，在河南求师无门的情况下，郑州十二中把学习创新教育的目光转向了上海，专门派出老师到上海学习，恰在这时，头脑奥林匹克正在上海开展得如火如荼，而河南还没有一家学校开展。在和中国区执行主席陈伟新交流后，郑州十二中将头脑奥林匹克作为开展STEAM教育的突破口引入学校。

2011年10月，《大河报》刊登我校创新教育新闻《A4纸叠高挑战赛》。2011年10月以后，学校以科学、技术与艺术相结合开展创新教育的探索，《情感小车》创新活动项目组成立，并于当年获得全国三等奖，受到《大河报》的强烈关注和报道。

2012年STEAM教育全面开展。2012年学生的研究成果《植物墨水的研究》《无影灯的设计与再创造》在《发明与创新》杂志刊登。这大大激发了同学们创新创造欲望，调动了老师指导学生开展创新教育研究活动的积极性。

学生在全国校园发明创意大赛、河南省青少年科技创新大赛中摘金夺银，受到河南省、郑州市报纸、网络、电视台、广播电台的关注，四大媒体联合到郑州十二中采访，引起了十二中领导的重视，为了给学生创新教育活动一定的活动场地，学校决定打造创新实验室，作为专门培养学生创新教育的活动场所，当年征订了《发明与创新》《中学生科技》《少年发明与创造》《第二课堂》等报纸杂志。

2015年学校打造创客工场作为开展STEAM教育的阵地。2014年9月，学校高瞻远瞩，倾力打造河南省乃至全国的第一家创客工场，决定将创新教育作为学校的一个亮点和特色进行打造，相继领衔《以项目研究为载体开展活动，促进创新教育更快更好地发展》课题研究，大力支持我校师生参加国际国内的创新教育活动的角逐，在人、财、物等方面予以保障，对创新教育的可持续发展重新进行规划和设计，形成了课题研究、实践探索、成果交流三位一体的总体发展思路。

2016年科技特长生开始招生。基于郑州十二中开展STEAM教育取得的巨大成绩，郑州市教育局决定将郑州十二中作为培养科技特长生的试验田进行打造，在招生政策上予以倾斜，批准学校招收首批科技特长生。

二、构建基于核心素养课程体系

2016年9月13日，中国学生发展核心素养研究成果发布。对学生发展核心素养的内涵、表现、落实途径等做了详细阐释。

在这样的背景下，郑州十二中开始着手进行学生核心素养体系的校本化构建。根据《意见》精神，我们从学校实际出发，把"培养全面而有个性的创新人才"指向核心素养的九大领域，并且建立了相应的校本课程体系，基本形成了校本化的核心素养体系和课程体系。

中国学生发展核心素养，以培养"全面发展的人"为核心，分为文化基础、自主发展、社会参与三个方面，综合表现为人文底蕴、科学精神、学会学习、健康生活、责任担当、实践创新六大素养。

郑州十二中将STEAM教育充分融入核心素养的六大方面，以研学课程为依托，以项目研究为载体，以创客工场为阵地，以过程评价为抓手，以四个出口为方向，按照普及性、发展性和特长性目标，阶梯式推进STEAM教育工作。

第四篇

研究性学习与创新教育教学案例

YANJIUXING XUEXI YU CHUANGXIN JIAOYU JIAOXUE ANLI

创新课堂：一张A4纸难倒英雄汉

课堂上，我拿来A4纸交给学生们，让他们利用A4纸来完成一定的任务，将会发生什么样的故事呢？

一

第一节课，我拿着两张A4纸在空中晃了晃放在桌子上，然后面对100多双眼睛，我问："哪位同学能说出这两张纸的不同？"一开始，很多学生不以为然，绝大多数同学说，两张纸大小、颜色一模一样，上面干干净净的，没有什么不同啊！看到同学们面面相觑，我不断提醒他们可以从多方面思考，展开想象的翅膀，继续挖掘这两张纸的不同之处。大约过了2分钟，还是没有人回答。此时我开始进行多方面点拨，点拨同学们可以从物理、化学或纸的生产、加工、运输等层面说出这两张纸的不同。同学们的思维立刻被打开，教室里原本紧张的气氛一下子活跃起来，大家开始七嘴八舌，你说我说，同学们竟然说出了几十种答案。这两张纸的位置不同、这两张纸的厚度不同、这两张纸上留下的手印不同、这两张纸生产出来的时间不同、这两张纸燃烧后用的时间不一样、这两张纸加工出来的时间不一样……关于这两张纸有什么不同，同学们没想到竟然可以有这么多答案。由于学生的思维受到传统教学方式的束缚，是僵硬的、不灵活的，发散性思维没有完全得到开放，我想只有老师在课堂上不停地启发或引导，学生的思维才能越来越活跃。

二

第二节课，我又拿出一张A4纸，同时还有一把剪刀、一瓶胶水、一把尺子，我抛给同学们的问题是：利用一张A4纸，做一个立体结构立在桌面上，看谁做得最高，做得越高的同学得分越多。由于除了一张A4纸外工具多样，这一节课非常顺利，同学们都积极按照自己的想法去设计。这节课结束时，大部分学生都做出了一定高度的纸结构。

三

第三节课，我还是拿出一张A4纸，但此次工具有所减少，仅有一把剪刀、一把尺子，这次我抛给同学们的问题是：利用一张A4纸，做一个立体结构立在桌面上，看谁做得最高，做得越高的同学得分越多。一开始，绝大多数同学没有认真审题，但有一些同学认真审题后，发现这一次增加了难度，没有了胶水，又是一张纸，又是要求做高。由于没有胶水，这一节课并不算顺利，很多同学面对A4纸比划了一节课也没敢动那张A4纸。仅有少数同学敢于尝试叠高，让我去测量。最后我给学生一定的启发，既然没有了胶水，也就是没有黏合的材料，那么我们只能在这张纸上取材了，同学们可以在纸上留出一块地方剪出细丝，用来捆扎其他部分，其实这些细丝就代替了胶水的功能。我说过以后，教室里立刻有了生机，大家开始一点点地切割纸张，开始做结构，一点点地往高处延伸，令我惊讶的是，有一组同学竟然在我的指导下，做出了2.25米的高度，《大河报》还对此事进行了报道。

四

第四节课，我还是拿出一张A4纸、一把剪刀、一把尺子和100枚一元的硬币，又开始我的问题，让同学们做一个立体结构立在桌子上，但不同的是，本次要往立体结构上面放硬币，最终的结果是，看谁的结构做得最高，压的硬币最多。题的难度一次比一次增加，此次既要考虑高度，又要考虑坚固程度，由于同学们有了前几节课的基础，积累了一定的经验，班里还是有少数学生在认

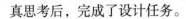

真思考后，完成了设计任务。

五

第五节课，走进课堂的时候我再次掏出一张A4纸，这时有些学生开始不耐烦道"怎么又是一张A4纸"。我说本节课没有胶水、没有剪刀，只有一张纸，但是不做结构了，我是想让同学总结一下前四节课的感受，写出面对一张小小的A4纸时，你想到了什么又做了什么，并真实地记录下自己的心路历程。其中一个学生的心路历程让我记忆尤深。

学生写到：一连五节课的比赛题目着实让我们惊讶，竟然都与一张A4纸有关。课程里的故事很多，面对一张A4纸，同学们跃跃欲试，脑洞大开，在四十分钟的比赛时间内，我们用了很多时间来讨论，因此在实际操作中，我们显得有些手忙脚乱，有时时间到了我们也没有做完，当然我们也没有过关。通过这几节课让我体会到了创新的重要性。没有想到一张A4纸能给学生带来这么多的变化！希望我的这些小片段能够为你带来一点春的气息，相信不久的将来课程改革的春天能给学生带来更多的变化。在这飞速发展的社会中，在我们的日常生活中，创新意识必不可少。先贤李贽曾说过："学人不疑，是谓大病。唯其疑而屡破，故破疑即是悟。"巴乌斯托夫斯基也说过："异想天开给生活增加了一份不平凡的色彩，这是每一个青年和善感的人所必需的。"

基于Android的路边停车收费管理系统设计

一、绪论

近年来伴随着国家经济迅猛发展，人们消费观念发生重大改变，买车已成为一种新兴的消费习惯，导致我国汽车总量陡增，所带来的结果是：迅速增长的汽车数量，导致城市汽车保有量剧增，停车成为一个严重的问题，按照研究结果，车与停车位的比例应控制在1:1.5以上，才能确保停车的便捷性。然而，我国大部分地区并未注意到汽车数量陡增所带来的停车问题，导致城市的基础配套设施公共停车场严重不足，停车位成为了亟需须解决的问题。

（一）研究目的及意义

近年来汽车一方面不仅使我国经济得到了发展，也让人们生活得到了极大的便利，另一方面随着汽车数量的迅速增长给城市带来的问题也日趋严重。人们乘车出行需要先查看实时道路地图，避开拥堵路段，还要在地图上事先找到停车场位置，否则会因为堵车和停车问题浪费大量宝贵时间和精力。

我国大部分地区采用小区、商场、写字楼等配套停车场和道路两边停车场两种停车方式。地下停车场投入较大，对地点地形要求很高，车主在停车时会花费大量时间寻找车位。路边停车就是利用道路的两侧划出停车位，车主可在目的地就近停车，十分便利。目前道路停车的计费方式主要靠人工进行收取，这种计费方式在停车高峰时效率十分低下，往往会出现漏交、少交的问题，对

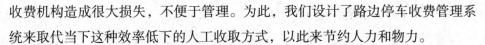

收费机构造成很大损失，不便于管理。为此，我们设计了路边停车收费管理系统来取代当下这种效率低下的人工收取方式，以此来节约人力和物力。

该系统可方便路边停车管理员对车辆、车位和费用的管理。管理员拥有灵活的管理权限，可记录车辆信息、驶入信息、驶出信息、停放时间和停车金额，大大提高了管理效率，节省人力资源。这样，道路停车收费系统的意义也就达成了。

（二）需求分析

车主：通过信息引导快速寻找到空车位，获得优质的一体化停车体验。

运营商：人工成本低、运营成本低，平台化管理车位占用信息、费用明细以减少资金漏洞。

投资方：系统设备投入成本低、施工成本低、投资回报快。

政府：实现路边车位的智能化管理，建立区域内标杆项目，为市民提供一体化的优质服务。

（三）本文构成及研究内容

本文主要由四个部分内容组成：第一个内容主要介绍所做系统用到的编程语言、开发平台和开发环境，以及一些主要技术的详细说明。第二个内容是进行对系统的分析，分析本系统的稳定性和可行性（技术可行性、经济可行性、社会可行性等）。第三个内容是对系统各个功能进行测试介绍，介绍本系统所实现的功能原理和系统开发方法。第四个部分对该系统设计过程、设计思路的说明，详细介绍系统的功能使用，系统模块包括登录模块和几个功能模块的具体实现。

二、关键技术及相关软件

本章详细讲解了在系统开发过程中用到的一些开发软件及相关关键技术，对数据库进行分析介绍。

（一）Android系统

Android 操作系统的用户量非常庞大，在市场中一直处于前三的位置，Android一词本来的意思是"机器人"。在2003年，谷歌公司研究开发了Android操作系统，该系统是在开放源代码的Linux系统基础上开发的，现在该系统在智能操作系统中已占领主导地位。Rubin成功创立了一家名字叫Android的软件公司，该公司因为是软件公司，所以其主要的经营业务对象是手机上的软件和手机中的一些操作系统。后来谷歌收购了Andy Rubin的Android 公司。因为Google（谷歌）是一个大公司，它与很多其他的开发公司进行许许多多的手机关键技术的合作。使用Android操作系统作为路边停车场收费系统的软件，便于软件的日后的开发和维护，可以有效降低软件的使用成本，降低设备价格。由Android平台推出的产品界面友好，具有上网技术、触摸屏和高级图像显示，是移动终端的Web 应用技术平台。

（二）Java技术

Java我们所熟知的就是它是面向对象的，现在很多开发者都在使用，它在某些方面和C语言有许多相似之处，吸收了很多其中的东西，还舍弃了C++里面一些并不好学习和使用的多继承、指针、操作符的重载等概念，舍弃了多继承采用单继承，但是可用多接口来实现，所以Java具有两个大特征：一个是它的功能强大，另一个是它的简单易用。Java自出世以来就迅速发展，目前已连续几年成为使用率最高的编程语言。它吸收了C++编程语言的各种长处，抛弃其短处，完美诠释了取其精华去其糟粕。Java语言的功能不负众望，它在具备其他语言突出优点的同时,还舍弃了那些经常被众多程序员吐槽的缺点。同时Java语言也有很大的贡献及影响力，其简洁的语法/简明严谨的结构为其未来的发展打下基础，并且它是一门跟得上时代发展脚步的编程语言，让我们为开发一些简单的程序功能提供了很大的便利，这也是它比其他语言所具有的优势，但是有优势就会有劣势，它的劣势同样也是因为封装带来的，因为这样会变得不够灵活，这也是大部分封装带来的通病。与此同时Java还有简单性、与平台无关性、安全性、多线程、分布式等特性。

（三）Android Studio开发工具

本设计采用的是Android Studio开发平台，该平台是谷歌公司专门为Android操作系统的开发而开发的。该开发工具可以采用Java语言进行编写，因为其拥有功能齐全的组件，一直以来都十分受宠。多了一些Gradle的文件支持，具备功能十分强大的布局编辑器，设计者可以可以任意拖拉所要选择的 UI 控件效果布局，并在编辑器中可以看到预览的布局效果，还可以让用户直接build生成apk，让用户安装到手机上，直接让用户所有者看到预期的布局效果。使用NDK可以将C/C++源码编译成动态链接库，供Java调用。因为Java编程环境要调用C/C++函数时用到JNI（Java Native Interface）技术，这就要求运用NDK开发C/C++时，C/C++源码要达到JNI便准要求。

（四）MySQL5.5介绍

数据库管理系统MySQL的优秀系统特性使其广受欢迎。其工作原理决定了它具有很大的灵活性，很适合中小型企业及一般个人用户使用，从功能方面来讲MySQL也是十分丰富全面的。由于路边停车操作系统所使用到的数据量较小，MySQL完全能满足本系统的数据管理任务。MySQL数据库的源代码是开放的，它的运行比较可靠，占用内存的体积也比较小，运行速度快的特点让它成为目前主流的关系型数据库。在目前大多数关系型数据库中，MySQL是将数据存入到很多不同的数据表中，而其他数据库则是将数据都存入到一个很大的数据仓中，相比于其他数据库，MySQL在调用数据时速度较快并且灵活性较高。数据库内存占用较小，以至于功能不如Oracle、DB2这种大型数据功能强大，对于本系统，MySQL已经能完全满足系统需要。

三、系统设计分析

本章是全文的重点章节，经过需求分析来确定这个系统的设计方向、经过可行性分析来确认系统设计的可行性。通过这两方面的分析来展示系统。

（一）系统总体设计

道路两边停车场收费管理系统分为五大模块：系统设置、车辆入库、车辆出库、系统查询、统计。

系统设置模块：设置停车场名称位置，停车价格。

车辆入库模块：利用摄像头识别车辆号牌，自动记录停车位编号和当前停车时间。

车辆出库模块：利用摄像头识别车辆号牌，输出停车场信息、停入时间与驶出时间、停车单价、停车金额。

系统查询模块：输出查询指定停车位状态，显示停车信息。查寻历史车辆。

系统统计模块：可统计某一时段内停车数量、停车金额、车辆信息。

（二）系统流程设计

1.系统流程图

在需求分析基础上明确了路边停车收费系统的业务流程，包括了基础的数据存储，车辆停入停车位，自动记录停车时间、停车位编号，车辆驶出停车位时显示出车牌号停车时长，驶出时间根据系统设计的单价计算出停车金额。路边停车系统总体结构如下图所示：

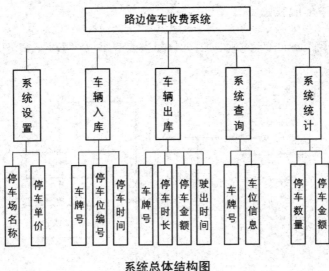

系统总体结构图

2.管理员登录界面流程图

管理员登录系统时，需要先判断身份，登录人员可分为系统管理员和收费管理员。收费管理员由系统管理人员给予用户名和密码，收费管理员注册成功后进入系统后可以实现浏览、查询等功能。收费管理员将用户名和密码输入正确后登录系统，可以实现增、删、改、查和其他管理功能。管理员登录流程如下图所示：

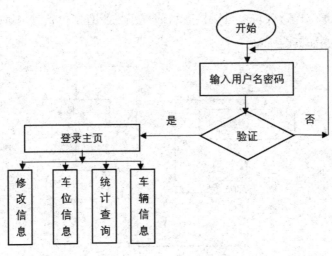

管理员登录界面流程图

3.车主停车流程图

车主泊车：录入车辆号牌，随机分配当前空车位。车主入库记录模块流程图如下图所示：

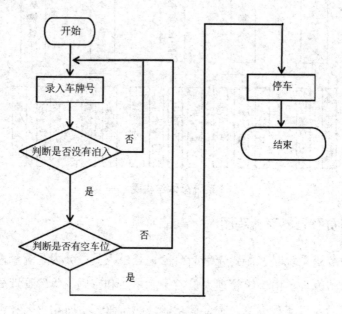

车主停车号牌记录模块流程图

4.管理员车位检查流程图

管理员车位检查模块：可以检查目前停车场所有车位状态。管理员车位查看模块流程图如下图所示：

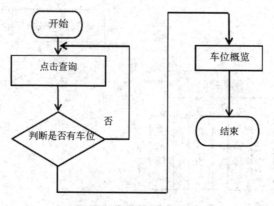

管理员车位查看模块流程图

5.财务收入流程图

财务收入模块：结算停车费收入。收入模块流程图如下图所示：

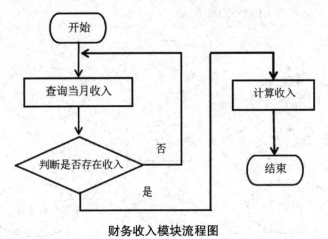

财务收入模块流程图

（三）数据库设计

数据库在设计时主要分为两类，分为数据库关系模型和数据库逻辑机构。

1.数据库关系模型设计

数据项和相关数据结构如下：

（1）车位显示信息

车位显示信息包括（状态码、车位区域、车位号、车牌号、序号ID）5个信息。车位显示信息E-R图如下图所示：

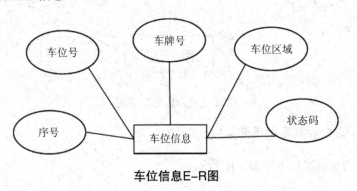

车位信息E-R图

（2）停车信息

停车信息包括（停车时间，驶离时间、车牌号、花费、车位号、序号）6个信息。停车记录E-R图如下图所示：

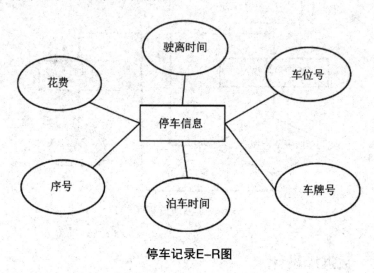

停车记录E-R图

（3）管理员用户信息

收费管理员用户信息包括（密码、序号ID、用户名）三个信息。用户信息E-R图如下图所示：

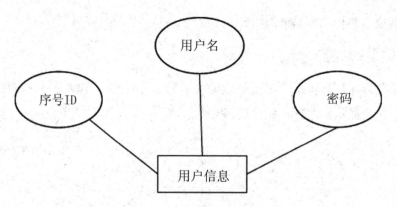

管理员用户信息E-R图

（4）车位收费费用标准信息：

收费费用标准E-R图如下图所示：

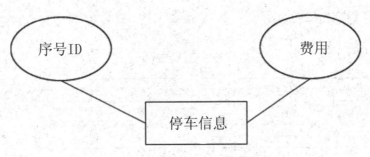

车位收费费用标准E-R图

2.数据库逻辑结构设计

数据项和相关数据结构如下所示:

（1）道路两边车位信息表

道路两边车位信息表

列名	数据类型	允许空	主键	说明
id	int	否	是	序号
parkingid	varchar	否	否	停车位号
platenumber	varchar	是	否	车牌号
region	varchar	否	否	车位区域
status	int	否	否	车位状态

（2）停车记录表

停车记录表

列名	数据类型	允许空	主键	说明
id	int	否	是	序号
cost	float	是	是	停车费用
endtime	datetime	否	否	取车时间
parkingid	varchar	否	否	停车位号
platename	varchar	否	否	车牌号
starttime	datetime	否	否	泊车时间

（3）管理员信息表

管理员信息表

列名	数据类型	允许空	主键	说明
user name	varchar	否	否	登录名
pass word	varchar	否	否	密码

（4）收费标准表

收费标准表

列名	数据类型	允许空	主键	说明
id	int	否	是	序号
price	int	是	否	收费标准

四、系统实现

（1）收费管理员登录界面

用户登录界面主要是验证用户身份，首先判断用户是否是系统内合法注册用户，然后分析用户身份角色及使用权限。

登录界面

请输入用户名

请输入登录密码

登录

收费管理员登录界面

（2）系统管理界面

系统管理界面由收费管理员登录后进行管理维护，收费管理员登录后可以修改路边停车场名称，停车单价。

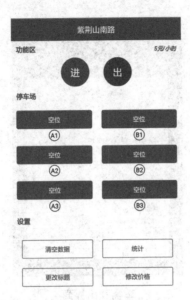

系统管理界面

（3）车辆驶入界面

车辆驶入时记录车辆号牌，可随机或手动分配停车位。

车辆驶入界面

（4）车辆驶出界面

车辆驶出界面显示停车信息包括：停车位编号、车辆驶入时间、车辆离开时间、车辆停车时长、车辆停车金额。

车辆驶出界面

（5）统计界面

统计界面可查询显示当天停车总数量以及停车总金额。

统计界面

（6）更改道路名称界面

更改道路名称界面可使管理员更改目前所处道路。

更改道路名称界面

结　论

本文介绍了道路两边停车场管理系统的实现全过程，系统主要是实现道路两边停车过程中的车位管理、车辆管理、收费管理、信息查询。该系统减少了大量人力、物力消费，提高了软、硬件和信息资源的共享程度。为路边停车场管理提供了及时准确的信息，基本满足了路边停车场运营过程的需要，本系统实现的主要成果有以下几点。

（1）本系统操作简单，使用户方便进行数据添加、修改、删除和查找，提高了用户的工作效率。

（2）系统具有较好的稳定性，在设计过程中，根据系统设计方法，基本上能在系统设计和实际运行过程中综合运用计算机技术、信息管理思想和软件工程方法。

该系统对于提高道路两边停车场收费管理员工作效率和系统的可靠性，规范道路两边停车场管理起到了巨大的作用，产生了许多经济效益。由于准备时间有限以及自己知识水平有限等一系列客观原因的影响，现在该系统基本可以投入使用，但仍然有一些小的问题有待改进。

参考文献

[1]董健.物联网与短距离无线通信技术［M］.北京：电子工业出版社，2012.

[2]孙志国，申丽然，郭佩，窦峥.无线通信链路中的现代通信技术/移动通信前沿［M］.北京：电子工业出版社，2010.

[3]贺崇明.城市停车规划研究与应用［P］.北京：中国建筑工业出版社，2006.

[4]张秀媛，等.城市停车规划与管理［M］.北京：中国建筑工业出版社，2006.

[5]（美）史密斯.共享式停车场设计与管理［M］.辽宁：辽宁科学技术出版社，2007.

[6]张泉等.城市停车设施规划［M］.北京：中国建筑工业出版社，2009.

[7]王文卿.城市汽车停车场（库）设计手册［M］.北京：中国建筑工业出版社，2002.

[8]高守玮，吴灿阳.ZigBee 技术实践教程：基于CC2430/31的无线传感器网络解［M］.北京：北京航空航天大学出版社，2009.

[9]李文仲.ZigBee2006无线网络与无线定位实战［M］.北京：北京航空航天大学，2008.

[10]金纯.ZigBee技术基础及案例分析［M］.北京：国防工业出版社，2008.

[11]王小强.ZigBee无线传感器网络设计与实现［M］.北京：化学工业出版社，2011.

[12]吕治安.zigBee网络原理与应用开发［M］.北京：北京航空航天大学，2008.

[13]郭渊博，等.ZigBee技术与应用——CC2430设计开发与实践［M］.

北京：国防工业出版社，2010.

[14] 段朝玉. PIC 单片机与ZigBee无线网络实战 [M].北京：北京航空航天大学出版社，2007.

[15] 沈建华，郝立平. STM32W无线射频ZigBee单片机原理与应用 [M].北京：北京航空航天大学出版社，2010.

一种太阳能海水淡化（淡水净化）装置

郑州市第十二中学　朱祎然

一、引　言

（一）研究目的与创新点

1.研究背景和研究目的

地球上海水及河水等水资源丰富，但是对人们来说，这些水是不能直接饮用的，必须经过淡化或者净化过程使其达到一定的饮用标准。太阳能海水淡化（淡水净化）装置的设计，高效率地使用太阳能，是提高海水淡化和淡水净化的实用方法之一，可以解决一些饮水困难地区的水资源利用问题。

2.研究的主要创新点

本文研究的创新点主要体现在以下三点：

（1）将凸透镜聚光原理应用于海水淡化或者河水净化，是应用领域的创新。

（2）太阳能和凸透镜组合，大大提高了太阳能热量的使用效率，产水量多、产水效率快、效果好，代表了海水淡化和河水净化的发展方向。

（3）热能资源充足，适用于各种环境或地区。

（二）海水淡化和河水净化方式的技术选择

现代意义上的海水淡化是在第二次世界大战以后发展起来的。战后，由于国际资本大力开发中东地区石油，使这一地区经济迅速发展，人口快速增加，这使原本干旱的地区对淡水资源的需求与日俱增。而中东地区独特的地理位置和气候条件，加之其丰富的能源资源，又使得海水淡化成为该地区解决淡水资源短缺问题的现实选择，并对海水淡化装置提出了大型化的要求。

在这样的背景下，20世纪60年代初，多级闪蒸海水淡化技术应运而生，现代海水淡化产业也由此步入了快速发展的时代。海水淡化技术的大规模应用始于干旱的中东地区，但并不局限于该地区。由于世界上70%以上的人口都居住在离海洋120公里以内的区域，因而海水淡化技术近20年迅速在中东以外的许多国家和地区得到应用。最新资料表明，到2003年止，世界上已建成和已签约建设的海水和苦咸水淡化厂，其生产能力达到日产淡水3600万吨。目前海水淡化已遍及全世界125个国家和地区，淡化水大约养活世界5%的人口。事实上海水淡化已经成为世界许多国家解决缺水问题普遍采用的一种战略选择，其有效性和可靠性已经得到越来越广泛的认同。

1.冷冻法

冷冻法，即冷冻海水使之结冰，在液态淡水变成固态冰的同时盐被分离出去。冷冻法与蒸馏法都有难以克服的弊端，其中蒸馏法会消耗大量的能源并在仪器里产生大量的锅垢，最终所得到的淡水却并不多；而冷冻法同样要消耗许多能源，但得到的淡水味道却不佳，难以使用。

2.反渗透法

通常又称超过滤法，是1953年才开始采用的一种膜分离淡化法。该法是利用只允许溶剂透过、不允许溶质透过的半透膜，将海水与淡水分隔开的。在通常情况下，淡水通过半透膜扩散到海水一侧，从而使海水一侧的液面逐渐升高直至一定的高度，这个过程为渗透。此时，海水一侧高出的水柱静压称为渗透压。如果对海水一侧施加一大于海水渗透压的外压，那么海水中的纯水将反渗透到淡水中。反渗透法的最大优点是节能，它的能耗仅为电渗析法的1/2、蒸馏法的1/40。因此，从1974年起，美、日等发达国家先后把发展重心转向反渗透法。但是反渗透工程造价和运行成本较高，系统抗污染能力弱。

3.太阳能法

人类早期利用太阳能进行海水淡化，主要是利用太阳能进行蒸馏，所以早期的太阳能海水淡化装置一般都称为太阳能蒸馏器。与传统动力源和热源相比，太阳能具有安全、环保等优点，将太阳能采集与脱盐工艺两个系统结合是一种可持续发展的海水淡化技术。太阳能海水淡化技术由于不消耗常规能源、无污染、所得淡水纯度高等优点而逐渐受到人们重视。由于本系统提出了两种利用太阳能的加热方式，大大提高了热能的利用效率，对于小规模的海水淡化或淡水净化有重要意义。

（三）研究方法

1.文献研究法、实验研究法

2.整理、分析资料

3.归纳、总结资料

4.访问导师

（四）研究主要内容

1.方案设计

2.图形结构

3.使用说明

4.创新点

5.应用前景

二、正　文

一种太阳能海水淡化（淡水净化）装置

郑州市第十二中学　朱祎然

指导老师　张红勋　朱安海

研究项目提出的背景

随着社会发展和人口的持续增长，人们对水的需求日益增多，对水的质量和饮用标准也在提高，各国纷纷寻求水源增量技术，在大自然中有着大量的海水和河水资源，如果能将海水淡化、河水净化供给人类，将大大缓解人类的用水危机。尤其是沿海地区和海岛，日照充足、海水丰富，却至今没有办法将太阳能和海水有效结合起来生产淡水。地球赋予了人类足够的淡水，只是人类还没有找到高效获取淡水的方法。从海水淡化技术发展趋势来看，利用太阳能淡化海水是低成本制取淡水的可行途径。

当地震、旱灾、洪水等自然灾害发生或在野外旅行时，常常会发生缺少纯净水影响人类健康与生存的问题。有时候尽管有大量的湖泊水资源，由于不能直接饮用，限制了人们生产生活自由，如果有一种装置能将周围的普通水转变为能饮用的纯净水就可以解决这一问题。

方案设计

水透镜太阳光聚热，当半圆透明锅内装满了透明水后，太阳光照后会将太阳光热集中照在蒸发碗内，使其水温至100摄氏度以上沸腾而大量蒸发。

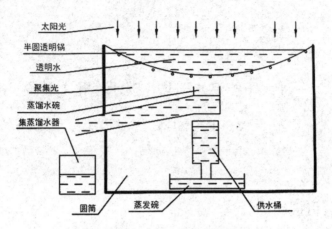

太阳能海水淡化净化装置原理图

蒸馏水采集：当水蒸气遇到水冷却的U型锅后，会冷凝成水珠聚集在锅底并流向锅底后，滴入蒸馏水碗中，再从冷水管流入集蒸馏水器中。

供水器：是利用大气压原理，由一个放满水的瓶子倒置在蒸发碗中，可对蒸发后的液面补充水分。

太阳能水蒸发器：半导体制冷片能通过吸热片吸收水中热量传到另一侧使沸腾碗内的水加热到沸腾状态，使之大量蒸发成水蒸气。

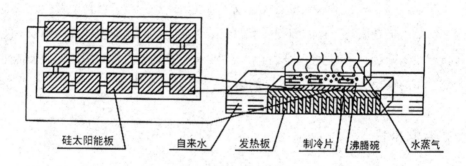

太阳能水蒸发器设计图

水透镜聚热硅太阳能电池，硅太阳能电池能将太阳光中的光能转化为电能，但电池生产成本高，如果能提高转化率可以起到产生更多电能的效果，如用凸透镜可以使电池产生更多电能，但大直径凸透镜较贵，可以使用球形瓶内放自来水起到大凸透镜聚焦效果。

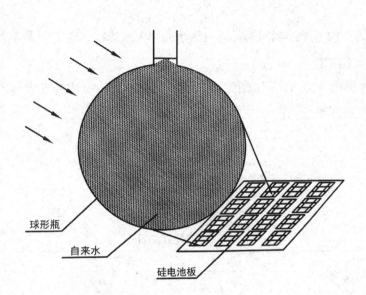

球形瓶
自来水
硅电池板

球形瓶内放自来水增大凸透镜聚焦效果

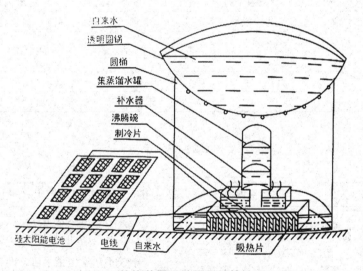

自来水
透明圆锅
圆桶
集蒸馏水罐
补水器
沸腾碗
制冷片

硅太阳能电池　电线　自来水　吸热片

整体装置设计图形结构

使用说明

1.将半导体制冷片、吸热板、沸腾锅放在圆筒中，锅内放水到吸热片高度。

2.将一个放满水的瓶子倒置在沸腾锅内，可以使碗内水到一定高度，成为补水器。

3.在补水器上放一个开口杯成为集中蒸馏水器。

圆筒上放一个透明圆锅，锅内放水成为大水透镜，既可以采集太阳光，又可以收集蒸馏水。

4.待杯内蒸馏水满后取出，再将圆锅内温水倒入补水器与大桶内，并将自来水补充进圆锅。

三、研究过程性材料

小组建立登记表
2017年9月8日

学科类别	物 理	研究类别	项目设计
指导老师	朱安海	班 级	1908班
成员信息			
姓 名	特长与爱好	联系方式	班内职务
朱祎然	写作、阅读发明、设计	135××××××××	物理课代表
组长	朱祎然		

课题生成记录
_____年_____月_____日

组员姓名	初选课题	选择或淘汰的理由
朱祎然	海水淡化（淡水净化）	本人为理科生，学以致用，可以将自己学习的知识在实践中应用
朱祎然	智能手机对中学生人际关系的影响	学校不让学生带手机，问卷调查可能困难，因此淘汰此课题不研究了
本组最终研究课题	海水淡化（淡水净化）	
导师意见	该学生提出的课题，项目内容很好，有一定研究价值，建议将项目内容改为：一种太阳能海水淡化（淡水净化）装置	

研究性学习开题报告

课题题目	一种太阳能海水淡化（淡水净化）装置	主导课程	物理、地理
指导老师	朱安海	班　级	1908班

简要背景说明（课题是如何提出来的）：

一次在看电视节目时，看到茫茫的大海上一艘轮船出现故障，周围都是海水却不能直接饮用，造成饮用水短缺。于是联系自己所学的物理知识，想帮助这些需要水的人们。另外，很多偏远的山区，尽管有河流淡水资源，但是随着污染越来越严重，人们缺少净水饮用。

于是想到设计一种装置，改变这种状况。

课题的目的意义：

1.利用所学知识，解决生活中的一些问题。

2.本研究项目给长期缺少纯净淡水的人们提供了一种便利的将海水淡化或将河水净化的装置，投资不大、操作简单、制作容易、材料简单、容易购买、价格低廉、节省成本、绿色环保，具有很高的使用价值。

<table>
<tr><td colspan="5" align="center">研究活动计划</td></tr>
<tr><td rowspan="4">活
动
步
骤</td><td>阶段序号</td><td>时间（周）</td><td>主要任务</td><td>阶段目标</td></tr>
<tr><td>一</td><td>一周</td><td>找到研究方向</td><td>为前期研究做准备</td></tr>
<tr><td>二</td><td>三周</td><td>研究设计</td><td>初步设计出方案</td></tr>
<tr><td>三</td><td>五周</td><td>完善研究、咨询老师、调查设计、形成模型</td><td>完成研究项目</td></tr>
<tr><td>计划访问对象</td><td colspan="4">1.物理老师
2.渔民
3.相关专家
4.山区居民</td></tr>
<tr><td>活动所需条件</td><td colspan="4">1.照相机
2.制作材料</td></tr>
<tr><td>预期成果（论文、制作模型或实物、实验报告）</td><td colspan="4">1.研究报告
2.模型制作</td></tr>
</table>

研究性学习中期汇报表

课题名称	一种太阳能海水淡化（淡水净化）装置
分担任务完成情况	1.完成了资料收集 2.图形设计
已经收集到的资料	1.太阳能转化率相关知识 2.凸透镜原理
完成进度	80%
目前存在的问题	模型制作有一定难度
下一步计划	1.设计完善设计图 2.咨询老师 3.加快制作模型

研究性学习中期汇报表

课题名称	一种太阳能海水淡化装置	课题组长	杜佳璐
1.成果评价	等第：A（10~9分）B（8~7分）C（6~5分）D（5分以下）		
选题的科学性	10	人员分工明确性	9
目标的明确性	9	研究成果的实用性	9
研究成果的科学性	9	研究成果的影响度	9
2.成果陈述评价	等第：A（10~9分）B（8~7分）C（6~5分）		
成果表达的准确	9	思路的条理	9
语言的流畅	10	时间的把握	9
成员的精神状态	9	技术的运用	8
3.答辩评价	等第：A（10~9分）B（8~7分）C（6~5分）		
应答的能力	9	小组的合作性	8
答案的准确性	9	时间的运用	8
评语	作者通过一年的实践与探索，研究项目《一种太阳能海水淡化装置》提高了热能的利用效率，改进了海水淡化装置，给长期缺少纯净淡水的人们提供一种便利的将海水淡化或将河水净化的装置，投资不大，操作简单，绿色环保，具有很高的使用价值。		
总评分	9.5	评委	张红勋
4.综合评审	以下由评委看材料后综合评价		
材料是否齐	材料完备		
指导老师是否负责	高度负责		
终评意见	整体完成了研究项目，设计科学，评为优秀。 郑州市第十二中学　　　　2018年6月20日		

四、研究日志

郑州十二中研究性学习研究日志

课题题目	一种太阳能海水淡化（淡水净化）装置	时间	2017.9
学生姓名	朱祎然	班级	1908班
研究日志	今天开始了我的研究性学习课程，由于是第一次做研究，老师让我们自愿结合小组，开展研究项目的选择，由于和其他同学在研究课题上有分歧，我就自己成立了一个小组，并且提出了两个课题。 一个是中学生校内玩手机的现状研究，但又因学校不让学生带手机，问卷调查可能存在困难，因此将其淘汰不研究了。 一个是课题是——一种太阳能海水淡化和河水净化装置，本人为理科生，学以致用，可以将自己学习的知识在实践中应用。		

郑州十二中研究性学习研究日志

课题题目	一种太阳能海水淡化（淡水净化）装置	时间	2017.10
学生姓名	朱祎然	班级	1908班
研究日志	从一开始的迷茫到确定研究方向，在老师的指导下，今天终于确定了自己的研究课题。 我本次研究性学习的课题是：一种太阳能海水淡化和河水净化装置。 通过这次活动，我查阅了大量的资料，在课题研究前做了大量的准备，了解了很多关于河水净化的知识。 其次，本次活动很好地锻炼了我的组织能力和思维能力。能够在一个较为开放的情境里主动探索、不断收获、自主学习是我们自我提升的途径，也是本次研究性学习的重要意义。		

郑州十二中研究性学习研究日志

课题题目	一种太阳能海水淡化（淡水净化）装置	时间	2017.11
学生姓名	朱祎然	班级	1908班
研究日志	今天开始做我的开题报告，由于开题报告需要在课堂上向老师和全体同学汇报，我必须做大量的前期准备，包括查阅资料，确定研究的背景和目的意义等各种情况，经过一下午的查阅资料，我终于确定下来我的开题报告。 　　我在图书馆查到：地球上海水资源非常丰富，河水资源也异常丰富，但是对人们来说，这些水是不能直接饮用的，必须经过淡化或者净化过程，达到一定的饮用标准才能够供人们使用。另外，在很多偏远的山区，尽管有河流淡水资源，但是随着污染越来越严重，人们缺少净水饮用。我们地球上有丰富的太阳能，如果利用大自然的力量来解决好饮用水问题，将是利国利民的大事。		

郑州十二中研究性学习研究日志

课题题目	一种太阳能海水淡化（淡水净化）装置	时间	2017.12
学生姓名	朱祎然	班级	1908班
研究日志	上一周经过汇报与展示我的开题报告，让大家知道了海水淡化的意义和河水净化的好处，同学们很认可这个研究，老师也很赞同，所以增加了我研究的信心。今后，我需要查阅有关河水净化的知识，查阅太阳能的使用现状和如何利用太阳能等一系列问题。 　　我了解到：现代意义上的海水淡化是在第二次世界大战以后才发展起来的。战后由于国际资本大力开发中东地区石油，使这一地区经济迅速发展，人口快速增加，这使原本干旱的地区对淡水资源的需求与日俱增。而中东地区独特的地理位置和气候条件，加之其丰富的能源资源，又使得海水淡化成为该地区解决淡水资源短缺问题的现实选择，并对海水淡化装置提出了大型化的要求。		

郑州十二中研究性学习研究日志

课题题目	一种太阳能海水淡化（淡水净化）装置	时间	2018.1
学生姓名	朱祎然	班级	1908班
研究日志	最近一段时间，尽管学习比较紧张，但我还是利用业余时间到实验室开始做我的项目研究，又了解了一些知识，复习了一下凸透镜的聚光原理和太阳能的利用效率的提高等一系列问题。 我试着开始绘制和设计图纸，为以后制作模型做准备，我学习了绘图知识，找来了三角板、量角器等很多绘图工具，用了一下午时间设计图纸。 由于学校作业比较多，我没有完成本次设计工作，下周找时间接着制作，期待早日完成我的研究性学习研究项目。		

郑州十二中研究性学习研究日志

课题题目	一种太阳能海水淡化（淡水净化）装置	时间	2018.2
学生姓名	朱祎然	班级	1908班
研究日志	这一周需要画图，在画图过程中我遇到了一些困难，因为我不会用电脑绘图，但是经过我们的努力还是克服了。还有，在最开始设计时，设计出来的方案不够合理，在这中间我请教了班里的电脑高手帮我设计，最终问题都得到了解决。我们认为研究性学习给我们的不只是知识面更加广阔，还有团结、实践等对我们以后很重要的东西。		

郑州十二中研究性学习研究日志

课题题目	一种太阳能海水淡化（淡水净化）装置	时间	2018.3
学生姓名	朱祎然	班级	1908班
研究日志	今天有点时间，我抓紧时间完善我的研究，对设计图纸和每个部分进行了详细研究，并找老师咨询了许多专业知识，查阅了大量图书资料。 经过一下午的努力，终于设计完成了本次项目研究工作。这为下一次做好本次研究的项目设计和模型制作工作做好了准备。 我会继续努力，把本次的研究项目的模型制作出来。		

郑州十二中研究性学习研究日志

课题题目	一种太阳能海水淡化（淡水净化）装置	时间	2018.4
学生姓名	朱祎然	班级	1908班
研究日志	今天开始制作模型了，需要的时间可能要长一些，由于每次制作都需要到实验室进行，我必须安排好自己的制作时间，事先和老师打好招呼，以免影响制作进度。 我按照图纸小心翼翼地制作每个部分，太阳能板、凸透镜、收集器具、分离器具等，一部分一部分地进行安装和设计，经过一晚上的努力，终于有了雏形。我感到非常高兴。因为我第一次利用所学的知识制作了自己研究的项目模型，尽管还不是实际的物品，但毕竟已经走出了第一步。		

郑州十二中研究性学习研究日志

课题题目	一种太阳能海水淡化（淡水净化）装置	时间	2018.5
学生姓名	朱祎然	班级	1908班
研究日志	本学期我研究的是《一种太阳能海水淡化（淡水净化）装置》。转眼间，12周已经过去了，开始完成最后的工作：结题。在研究期间，我每周都会积极参与、认真完成。虽然这个过程看上去有些漫长，但随着时间一分一秒流逝，我们也在不知不觉中走过来了。 　　记得第一周开题的时候，当我确定好课题后，热情高涨，就好像在长时间的干旱之后，迎来了久违的甘露，滋润着我的心灵。经过老师指导修改后，我立即行动起来，搜集资料、设计制作。经过12周的努力，终于结题了。结束任务时，我看着自己的研究成果很高兴。回望过去那一周周的心情，至今历历在目。研究中相关的知识：太阳能发电原理、发电方法以及凸透镜的相关知识，那一切的一切都是我们用辛勤的汗水搜集来的，也都将在我们的欢声笑语中结束。		

五、研究体会

唯有探索　方得成功

郑州市第十二中学　朱祎然

　　在研究的过程中我懂得了唯有扩大自己的知识面，只有在探究、实践中才能得到更多实用的东西。回到起点，这一过程需要更多坚韧不拔的探索精神和勇于实践的能力。这一次的研究性学习不同于以往任何一次研究性学习，此次研究性学习让我深刻体验到亲手实践的重要性。我坚信通过这次实践，会让我们每一个人都对这次实验作品很有信心，因为信心是做一件事的良好开端！只有在不断的实践中，我们才能创造出更加辉煌的发明！

六、指导老师评价

该项目作者通过一年的实践与探索，研究的项目《一种太阳能海水淡化（淡水净化）装置》，通过提高热能的利用效率，改进了海水淡化的装置。本研究项目给长期缺少纯净淡水的人们提供一种便利的将海水淡化或将河水净化的装置，投资不大、操作简单、制作容易、材料简单、容易购买、价格低廉、节省成本、绿色环保、具有很高的使用价值。

张红勋

郑州市第十二中学

2019年9月20日

七、研究过程照片

测试前认真全面检查

零部件组装

功能测试

零部件细节优化调整

使用专用木工工具进行零部件加工

利用胶枪进行零部件组装